U0124710

启真馆 出品

启真讲堂

Max Weber

儒家与韦伯的五个对话

叶仁昌 著

ZHEJIANG UNIVERSITY PRESS
浙江大学出版社
·杭州·

图书在版编目（CIP）数据

儒家与韦伯的五个对话 / 叶仁昌著. -- 杭州 : 浙
江大学出版社, 2022.8
　（启真讲堂）
　ISBN 978-7-308-22511-3

Ⅰ.①儒… Ⅱ.①叶… Ⅲ.①儒家—哲学思想—研究
②韦伯(Weber, Max 1864-1920)—哲学思想—研究 Ⅳ.
①B222.05 ②B516.59

中国版本图书馆 CIP 数据核字（2022）第 063175 号

本书中文简体字版由联经出版事业公司授权出版,原著作名《儒家与韦伯的五个对话》

儒家与韦伯的五个对话
叶仁昌　著

责任编辑	周红聪
文字编辑	宋　松
责任校对	黄梦瑶
装帧设计	武建和
出版发行	浙江大学出版社
	（杭州天目山路148号　邮政编码310007）
	（网址：http://www.zjupress.com）
排　　版	北京楠竹文化发展有限公司
印　　刷	河北华商印刷有限公司
开　　本	635mm×965mm　1/16
印　　张	14.25
字　　数	165千
版 印 次	2022年8月第1版　2022年8月第1次印刷
书　　号	ISBN 978-7-308-22511-3
定　　价	65.00元

序　言

自从研究生时代以来，我一直被韦伯（Max Weber）深深吸引，而在漫长的学术生涯中，好几次惊觉自己的思索竟跳不出他的脉络和手掌心。从来没有一个学者这样紧扣住我，又对我影响如此之深。

至于儒家，我在欣赏西方思想之余，向来对它"不屑一顾"，只是基于教学等需要才去探其究竟。我的初衷原本是批评它，论证的结果却出乎意料，屡屡发展出对它的许多肯定。

二三十年来，我就一直在儒家和韦伯的世界里，深呼吸、困惑、惊讶和叹息，这里碰撞突破一下，那里又摸摸鼻子回头。这本《儒家与韦伯的五个对话》代表了一个探索的总结，也应该是我个人学术生涯的某个高峰。我自信对韦伯有一定程度的理解以及别出心裁的应用；而我对儒家的诠释也不拘泥于占意和标准答案。我期待能扮演一座桥梁，连接儒家和韦伯，并因此展现出各自不同的面貌和新的意义。

用心的读者不难发现，在儒家与韦伯的对话交错中，我这本书的一个特点就是很"大胆"。韦伯是如此经典的大师，而我却不只具体指出他对儒家的理解盲点，还应用他的方法学来新论儒家，更试图补足他在儒家研究上的遗漏，完成他未竟的探索，甚至重构韦伯有关支配类型的框架。当然，在这样的过程中，儒家也因为新的视角而得到了不同诠释。

这些"大胆"应该算是一种新创和突破吧！当然，批评和争议也必然是难免的。但这本书是否成功，又有多少贡献，就交给读者评估了。不过我深知，有些社会学者自认为研究韦伯是他们的专长，甚至是势力范围，以至于光是看到这本书的标题，恐怕就让他们反感和不悦了。对于这种目光如豆又自以为是的学术生态，我已习以为常，半吊子的韦伯"专家"太多了。我唯一想提醒的是，韦伯不仅是社会学家，同时也是精湛细腻的历史学家，以及经典的思想家。而我将儒家与韦伯相提并论，也并非我的硬拉乱扯，而是因为儒家本就是韦伯自己深感兴趣、多次提及，又引致争议或语焉不详的重大课题。

在本书讨论的五个对话里，其中有三章的主要内容曾经发表在台北的《人文及社会科学集刊》、台北大学的《行政与政策学报》，以及台湾大学的《政治科学论丛》，它们是三篇 TSCCI 等级的论文，这当然已经是一种肯定了。但我更期待的是将它们整合在本书的一个新架构里时，读者能从中看到一个更广阔、更有意义的视野与突破。迄今，在中文的出版品里，我还没有看过其他学者做过类似的事情，或有任何一本将儒家与韦伯进行比较的系统性对话的著作。希望读者能在阅毕本书之后，体会这是值得进一步开发的课题。

不过要向读者道歉的是，由于我在德文上确属外行，无法采用韦伯的德文原典。但所幸的是，已有若干中、英文译本在学术圈中获得高评价，被认为是严谨的，并一再审订。虽然从德文专业来看，这些中、英文译本仍有一些争议，但就我所引用的部分而言，其正确性应该大致是可以接受的。

这本书能完成，并最终能够出版，我要感谢的人太多了。不过，写漏了，有歉疚；写多了，是累赘，就都略过吧！几十年来，我一直是独行侠的特质，从不呼朋引伴，也没有多少党友；我唯一有的就是自得其乐。2013 年初，我从台北大学公共行政暨政策系退休了，但还兼任"中国政治思想史"的课程教师。很多人以为我该享清福了，但对我而言，退休只是为了摆脱评鉴下的"学术自我"的疏离，是为了重拾知识分子的尊严与使命。不退休，人生恐怕只剩下评鉴；退休了，写作的人生才真正启动。

这本书的完成和出版，就我个人来说，正代表了这样一个里程碑。它既是我过去漫长学术生涯的一个探索总结，同时也标示着我的一个新阶段使命的起点。上路吧！

叶仁昌，木栅自宅

2015 年 4 月

目　录

第一章

经济伦理的对话：
入世抑或现世？

楔子

韦伯曾经提出一个巨大、精彩却充满争议性的问题，即在漫长的传统中国历史里，为什么没有发展出"近代资本主义"（modern capitalism）？他更进一步断言，除若干结构与物质的因素外，重大原因之一是儒家伦理侵蚀、吞噬了其萌芽与发展的可能性。当然，韦伯并未认为儒家是阻碍近代资本主义在中国发展的唯一因素，甚至也没有说它是最关键的因素。但无论如何，韦伯这样的断言正确吗？

学界提出来的一种主要质疑是从理论与思辨层次上着手的，声称韦伯错误地认定儒家在个人与世界之间缺乏紧张性，因而低估了其自传统与因袭中解放，并发展出经济理性主义的力量。此类质疑中一种最具代表性的观点认为，韦伯所犯的是有关全面判断的基本错误；儒家对于"此世"绝非仅有适应，更有积极的改造态度。试问，这样的质疑成立吗？又能否真正驳倒韦伯的断言呢？

另一种对韦伯的主要质疑则是从经验与实践层次上着手的，声称东亚的经济成就正奠基于一种与韦伯所批评者不同的，可以称为通俗儒家、民间或社会性儒家的思想和工作伦理。这是一种企图证明儒家在现代不死的论说，试问，它已经使韦伯的断言受到了足够严厉的考验吗？而在清朝终结后的现代新境中，是否确实存在着这样一种儒家？它又是否可以作为解释东亚经济成就的文化因素呢？

这就是接下来要探讨的"儒家与韦伯"的第一个对话：经济伦理的对话。

前言：儒家不利于近代资本主义？

韦伯的力作《新教伦理与资本主义精神》代表了一个重要的意涵，即将唯物史观彻底倒转，改从精神层次的思想信念入手。韦伯一方面希望人们"理解观念是如何成为历史上的有效力量"（韦伯，1991：68），但同时却拒绝成为一个文化决定论者（韦伯，1991：146）。长久以来，韦伯对于思想背后的历史发展和社会基础，始终予以高度重视并进行大量论述，将其视为文化决定论或唯心论者，实为最严重的扭曲。举凡货币、城市、行会、科层组织、亲属结构和法律，都经常密集地出现在韦伯的讨论中。但无论如何，韦伯至少过度强调了经济发展背后的文化因素。

然而，当场景移到深受儒家文明所影响的东亚，为何这里会在现代化过程中发展出让全球称羡的经济奇迹？当然，若干国家政策、经济要素与国际条件都是关键，但其中没有文化因素吗？若是有，是否即为儒家伦理？遗憾的是，早在20世纪初，韦伯就断言了作为文化因素的儒家对近代资本主义发展的不利。虽然韦伯并未认为儒家是阻碍近代资本主义在中国发展的唯一因素，甚至也没有说它是关键因素①，但韦伯是怎样论证的呢？而他的这一断言是否正确呢？②

以韦伯的学术分量，这一断言当然会激起热烈的讨论和质疑。它可以是本书展开儒家与韦伯对话的最重要的切入点。在以下篇幅中，笔者将逐一析论两种不同的主要质疑：其一是从理论与思辨层次来驳斥的，它诉诸儒家的内在超越性；其二则是从经验与实践层次来挑战的，主张一种所谓"通俗的儒家"（Vulgar Confucianism）。

一、理论与思辨层次的质疑：内在超越说

先来说第一种质疑，它认为韦伯错误地看待儒家在个人与世界之间缺乏紧张性，因而低估了其自传统与因袭中解放，并发展出经济理性主义的力量。

1. 观点与论证的铺陈，韦伯说了什么？

原本，韦伯的相关论证是从对比西方中世纪的修道主义以及

---

① 根据孙中兴的归纳，在《儒教与道教》一书中，前后明确提到不利的因素至少就有十八种（孙中兴，1987：212—213）。

② 可以附带一提的是，有一些学者声称韦伯是负面式的提问（negative question），并也因此造成了某种误导。因为他是从西方的历史经验出发来提问——为什么中国没有类似西方的发展？而既然问题是从负面来看的，于是在面对纷繁复杂的历史现象时，便会倾向于找寻"负面的"或"不利的"条件；"相对地忽略了一些同时存在于儒家思想中可能有利于经济发展的价值或因素"（高承恕，1988：213—214）。该批评其实似是而非。因为，提问的形式逻辑未必就是提问者的思维逻辑。尽管从形式上来看是单向、褊狭，甚或带有陷阱的，但对于一个成熟练达、学养丰富的提问者，其在回答时的思维逻辑，却可以是多面向而丰富的，并超越了其中的陷阱。同样地，我们不应该认为韦伯已经僵硬地被自己的负面式提问局限甚或决定了。更重要的，如果我们详细阅读韦伯，会发现他并不是只专注于挑出儒家对经济发展的负面因素。他其实更企图就传统中国与近代资本主义的关系进行全面性的考察。提问只是迈向解答的一个工具或手段，提问的方式并不就能决定解答的内容。

"出世"精神开始的。他指出，诸如加尔文主义（Calvinism）的基督新教，在信仰态度上呈现了一种独特的精神，即所谓的"入世制欲"（inner-worldly asceticism）。简单地说，就是将信仰中的敬虔落实在日常生活的具体行为中，而不是在修道院里冥思祈祷。韦伯很传神地描绘道：

> 最初逃避尘世、与世隔绝的基督教禁欲主义已经统治了这个它在修道院里通过教会早已宣布弃绝了的世界……现在，它走出修道院，将修道院的大门"呼"一声关上，大步跨入生活的集市，开始把自己的规矩条理渗透到生活的常规之中，把它塑造成一种尘世中的生活，但这种生活既不是属于尘世的，也不是为尘世的。（韦伯，1991：122）

许多人以为，伴随着宗教改革的解放，僧侣在地位和生活方式上已经被消灭，而信仰也从规条戒律中挣扎而出了。但事实上，宗教改革的真义，至少就清教徒而言，是现在每一个信仰者都必须终生成为僧侣了（韦伯，1991：95）。人必须理性地摧毁冲动性享乐，并有条不紊地控制日常生活事务，完全为"荣耀神"这个目的所支配（韦伯，1991：92—93）。

其中所蕴含的是一种反对"出世"却又不"属世"（of the world）的"入世"（in the world）精神。他们积极地肯定今生此世，拒绝将自己龟缩和封闭在教会、修道院或沙漠、旷野之类的温床里。即便今生此世充满了堕落的诱惑，都当坚定地面对而后去改造它，将原本沦为罪恶奴仆的世界转化为对上帝的荣耀。拒斥逃遁固然可以一时成就信徒个人的圣洁，但它却容忍污秽与罪恶在他人和世界

中继续存在。这毋宁是一种独善其身的自私。真正的途径应该是
"掳掠仇敌";它不仅在消极上不容许今生此世再做"罪的奴仆",而
且积极地予以转化,成为"义的奴仆"。这就是征服与改造的精义。
韦伯精彩地考察了这一点,他说:

> 不管这个"现世"在宗教价值上被贬得多低,也不管因
> 其为被造物界及罪恶的渊薮而遭到唾弃,在心理上,现世毋
> 宁更因此而被肯定为神所欲之行为的——个人现世的"召
> 唤"(Calling, Beruf,经常被译为天职)——舞台。(韦伯,
> 1989b:85)

> 上帝是"为了他的荣耀"而创造世界。因此,无论人生来
> 有多么恶劣,他都希望看到他的荣耀借着罪恶(可能也包括痛
> 苦)的克服而得到实现。(韦伯,1989a:307)

清教徒因而走上了一条险路,就是让自己存活在积极面对今生
此世之诱惑所带来的紧张性中。虽然一不小心就可能堕落,但信仰
的使命却是在这堕落的诱惑中向魔鬼夸胜。这有如走在一边是上帝
而另一边是魔鬼的生命钢索上,它既是上帝与魔鬼之间的角力,也
是个人生命中每时每刻的争战。

在出世与修道主义或冥思的神秘派来看,自始就必须拒绝选择
这样的危险钢索。他们相信,若是要在今生此世的诱惑中完全拒绝
堕落,当然得选择将污秽隔离,让自己活在一个无菌的神圣世界里。
但在清教徒看来,这样一个出世的无菌世界,毋宁宣告了对今生此
世的退却畏缩和失败主义。他们要求的乃是韦伯所形容的"圣化"
(Heiligung)(韦伯,1989a:307),即让整个世界和其中的一切都荣

耀上帝（all for the glory of God）。为此，他们宁可选择在圣洁与罪恶的矛盾紧张中从事对今生此世的改造与转化，而不是选择以逃遁或疏离来消解矛盾与紧张。

当将这样的神学义理应用到财富和经济二者之上，对清教徒来说，同样的，它们并非在本质上邪恶，而是诱惑。而作为一种诱惑，真正的意涵是考验——考验人能不能在拥有财富和事业的同时，不改心中对上帝唯一的信靠和顺服；考验人能不能在动机、管理与使用上，将财富与事业转化，指向上帝的荣耀。虽然商品经济、功利交易和利润心，经常沉沦为"罪的奴仆"，但信仰却给了人一项带着堕落诱惑的考验，就是要胜过它们，让财富和经济从一种美德与灵性的障碍，转变为上帝的奖赏和祝福。在财富和经济的领域，清教徒同样展现了全面征服诱惑的属灵雄心，无论在"义"与"罪"的矛盾紧张中多么煎熬和危险，他们都坚拒一种退却畏缩和失败主义，并且笃定属于上帝子民最后的必然胜利。明显地，在这样的体认下，谋求财富与经济上的成功，已经成为清教徒在信仰伦理上的一项召唤与责任了，为的是荣耀神。

韦伯在上述的理解基础上将讨论发展到了传统中国。他说儒家并没有另一个形而上学的世界，故无从发生一种由"彼岸"入世的过程。事实上，儒家一直在"此世"（this-worldly）。而既然没有入世的过程，儒家因此是一种"对世界采取无条件肯定与适应的伦理"（韦伯，1989a：296）。这绝非指儒家对现世毫无原则与理想的投降，而是说儒家的伦理是肯定现世，也停留在现世的。它并不采取超俗世的价值来进行对比式的"改造"，它只是在现世既存的结构、道德与价值体系中对偏差进行"调适"而已！韦伯形容儒家"是个理性的伦理，它将与此世界的紧张性降至绝对的最低点"；"儒教徒单单渴望一种从野蛮的无教养状态下超脱出来的'救赎'。他期望着此世的福、禄、寿与死后的声名不朽,来作为美德的报偿"。

> 他们没有超越尘世寄托的伦理,没有介于超俗世上帝所托使命与尘世肉体间的紧张性,没有追求死后天堂的取向,也没有恶根性的观念。……以此,一个有教养的中国人同样会断然拒绝去不断地背负"原罪"的重担。……通常它都被代以习俗的、封建的,或审美结构的各种名称,诸如:"没教养",或者"没品格"。当然,罪过是存在的,不过在伦理的领域里,它指的是对传统权威,对父母,对祖先,以及对官职层级结构里上司的冒犯。(韦伯,1989a:294—296,209—210)

相反,清教徒却有一个超俗世,并与此世之间存在着"一种巨大的、激烈的紧张对立"(韦伯,1989a:294)。他们一方面被要求"活在此世",而非出世;另一方面,则被要求不能"属世"。不能"属世"意味着完全缺乏超越意识,只是努力认同及与现世既存的结构、道德与价值体系相结合。而"活在此世"则抱持着彼世的道德与价值理念来生活于现世。

对于儒家来说,现世并非没有罪恶,然而,现世的罪恶无须求助于超俗世来解决。既然罪只是没有教养或品格,而非一种属于"原罪"的恶根性,因此,克服它只需要俗世的道德教育,不需要上帝。换言之,儒家的"救赎"全然在此世中发生与完成,它"从来不曾出现过任何……从一位高举伦理要求的超俗世上帝所发出的先知预言"(韦伯,1989a:217,296—297)。韦伯相信,这种超越意识的缺乏,使得儒家失去"一种与此世相抗衡的自主的反制力",因为它永远只在俗世的结构、道德与价值体系中寻找答案，当然会缺乏"自传统与因袭中解放出来而影响行为的杠杆"。对于既存的一切，儒家固然也会有所批判，但批判所依据的标准仍然是俗世性的传统与因袭，不外是古圣先贤的礼仪、传统典籍以及家族主义。韦伯说道：

> 真正的先知预言会创造出一个内在的价值基准，并系统地将行为导向这一内在的价值基准。面对这一基准，"现世"就被视为在伦理上应根据规范来加以塑造的原料。相反地，儒教则要适应外在，适应于"现世"的状况。……不去企及超出现世以外的种种，个人必然会缺乏一种与此世相抗衡的自主的反制力。……在儒教伦理中完全没有的，是存在于自然与神之间、伦理要求与人类性恶之间、罪恶意识与救赎需求之间、尘世的行为与彼世的补偿之间、宗教义务与社会-政治的现实之间的任何紧张性。也因此，缺乏通过一种内在力量自传统与因袭中解放出来而影响行为的杠杆。（韦伯，1989a：302—303）

反观基督新教，其超越意识则为清教徒提供了衡量现世的尺度、批判现世的源泉，以及改造现世的动力。在彼世的对照下，此世当然显得污秽不堪、亟待改造。而所有的传统与因袭或任何形式的既存权威也都失去了神圣性。按清教徒所领受的召唤，他们不得不依照上帝的道德与价值，很有理性纪律地改造与转化这个世界。

韦伯相信，上述的差异导致了儒家的"制欲精神"从根本上就缺乏入世性。而这一种可以称之为"此世制欲"的伦理，正是儒家不利于近代资本主义发展的关键。相反，"只有清教的理性伦理及其超越俗世的取向，能够将经济的理性主义发挥到最彻底的境地"（韦伯，1989a：315）；并从而开展攸关近代资本主义兴盛所需的理性化之生产技术、组织纪律、法律与行政机关，以及理性化的牟利行为和经济生活（韦伯，1991：9—15）。

不只是经济的理性主义，更重要的是，韦伯说道，虽然儒教徒与清教徒都是"清醒的人"，都强调理性纪律，后者却具有一种伦理精神，就是卑微地通过"入世制欲"，将自己和世界（当然包括财富和经济）改造为荣耀上帝的工具，并视此为信仰伦理上的一项召唤与责任。但儒家却拒斥成为上帝的工具，通过传统的典籍和道德制约来自我实现，追求的是功名、财富、圣贤人格以及"教养阶层地位"之类的现世目标（韦伯，1989a：315）。对儒家而言，谋求财富与经济的成功，或许是可欲的目标，但绝对不会是伦理上的召唤与责任，甚至他们在某些面向还会受到传统与道德的制约。

2. 韦伯对儒家的断言遭逢怎样的批判？

韦伯对儒家的如此论断堪称精彩与原创，但可想而知必然会招致不少学者的非议。譬如，狄百瑞（Wm. T. de Bary）就通过对朱熹、真德秀、黄宗羲以及海瑞等自由传统的研究，批评韦伯忽略了"新儒家道德观中的内在取向性"，"看不见天是如何影响人的良心，使人在理想层次与实际境遇之间保持一种动态的紧张关系，亦即指天如何对人的境况有所控制的能力"（狄百瑞，1983：7；Metzger，1977：49—60，238）。简单地说，狄百瑞相信，儒家虽是一个具有现世性的理性伦理，但韦伯不应该忽略"天"这个概念在其中所扮演的制约角色。

循着这个脉络，有学者提出了更具代表性的质疑，借由《中国近世宗教伦理与商人精神》这一力作，再三陈明儒家有另一种特殊的彼世。书中言及，自南北朝以来，佛教徒以及一般士大夫几乎都认定儒家只有"此岸"而无"彼岸"。以宋儒的习用语言表示，即是有"用"而无"体"，有"事"而无"理"（Yu，2021：54）。但在新禅宗的挑战下，不得不改弦易辙，努力建立一个属于"心性论"的"理"的彼岸世界。它与佛教的不同之处在于其"是实有而不是空寂"。而在这个"理"之上添上一个"天"字，就是为儒家的"人伦近事"提供一个形而上的保证（Yu，2021：55—56）。不仅如此，其另一个用意是为了不让人们效法道家的"逃世"以及佛教的"出世"（Yu，2021：60）。

在书中，作者还指出，新儒家用各种不同的语言来表示这两个世界。以宇宙论而言，是"理"与"气"；以存有论而言，是"形而上"与"形而下"；在人文界是"理"与"事"；在价值论领域则是"天理"与"人欲"。但无论称呼如何，它们都代表着与西方基督教有所不同的另一种此世与彼世对照的观念。并且，它们这"一对观念既相对而成立，则其中便必然不能无紧张性"。

> 不过中国文化属于"内在超越"的一型，因此这两个世界之间的关系是不即不离的，其紧张也是内在的，在外面看不出剑拔弩张的样子。韦伯因为几乎完全没有接触到新儒家，在这一方面便产生了严重的误解。（Yu，2021：57）

作者甚至在书中坚称："韦伯所犯的并不是枝节的、事实的错误，而是有关全面判断的基本错误。"

儒家对"此世"绝非仅是"适应",而主要是采取一种积极的改造的态度;其改造的根据即是他们所持的"道"或"理"。所以他们要使"此世"从"无道"变成"有道",从不合"理"变成合"理"。(Yu,2021:58)

无论是在所谓的"天命之性"与"气质之性"之间,或是天理与人欲之间,新儒家在其中所铺陈的关系,都"是永远在高度紧张之中,但又是不即不离的"。一方面,"天命之性"和天理必须去克制"气质之性"和人欲;但另一方面,彼此又永不能分离(Yu,2021:58—59)。这一点正与韦伯所描述的清教徒伦理一样,都无法以疏离代替紧张。新儒家是以极其严肃的态度对待此世的负面力量的,甚至"时时有一种如临大敌的心情"。他们的新人性观已经综合了孟子的性善和荀子的性恶了,其中,"恶的分量还远比善为重"。因此,"他们绝不像韦伯所说的那样,天真地相信人性自然是向善的。……政治和风俗都必须通过士的大集体而不断努力才能得到改善"。新儒家对此世的基本态度从来不是消极的"适应"而是积极的"改变"。(Yu,2021:61)

为了强调新儒家从天理走向人事的"入世精神",书中进一步援引了许多史料,指出其目的是批判并超越新禅宗。禅宗只有"识心见性",而无"存心养性"。朱熹不讳言新儒家的修养功夫出自禅宗,但却在"世俗伦理"上有更多发挥。其中一个核心的概念是"敬",指的是在入世活动中的一种全神贯注的心理状态。而这正有如"天职"观念,"颇有可与加尔文教相比观之处"。此外,新禅宗和新道教的入世苦行所强调的"勤劳、不虚度时光、不作不食等美德",也随着"执事敬"的精神而出现于新儒家的伦理中。并且,新儒家还通过"乡约""小学""劝农""义庄"以及"族规"等多方面的努力，带着使命感地将这些伦理推广到全社会去。（Yu，2021：65—70）这种改造社会的使命感，当然有别于清教徒的"选民"观念。

> 新儒家不是"替上帝行道"，而是"替天行道"；他们要建立的不是"神圣社群"，而是"天下有道"的社会。他们自己不是"选民"，而是"天民之先觉"；芸芸众生也不是永远沉沦的罪人，而是"后觉"或"未觉"。而正是在这种思想的支配之下，新儒家才自觉他们必须"自任以天下之重"。（Yu，2021：73）

缘此，"以天下为己任"正可以看作是宋代新儒家"对自己的社会功能所下的一种规范性定义"。与加尔文教徒的入世圣召相对照，这两者"对于自己的期待之高是完全一致的。所不同者，前者把对社会的责任感发展为宗教精神，而后者则把宗教精神转化为对社会的责任感"。加尔文教徒以上帝的仆人自居，其社会身份多是城市的新兴商业阶级；新儒家则以"先觉"自居，他们的社会身份是"士"。需强调的是，这种士的宗教精神，乃"新儒家的一个极其显著的特色，这是在南北朝隋唐的儒家身上绝对看不到的"（Yu，2021：74—75）。

而之所以会单单出现在宋代，他认为，外在的因素是社会变迁，尤其是中古门第的崩溃最为关键。"内在的因素包括了古代儒家思想的再发现。曾子的'仁以为己任'，孟子的'乐以天下，忧以天下'，以及东汉士大夫以'天下风教是非为己任'的精神都对宋代的新儒家有新的启发。"但最关键的则是受到了佛教入世精神的影响。举凡范仲淹的"先天下之忧而忧，后天下之乐而乐"，还有王安石的"尝为众生作什么"，可能都来自大乘佛教的菩萨行，而他们的基本精神都是"未度己、先度人，愿为众生承受一切苦难"。（Yu，2021：76—80）

对于士的这种"以天下为己任"的宗教精神，作者认为，其与清教徒对照起来，双方改造世界的具体内容、过程和成绩是有所不同的，事实上也根本"无从比较"。但"仅以主观向往而言，我们不能不承认两者之间确有肖似之处"。"加尔文教派要在此世建立一个全面基督化的社会；从教会、国家、家庭、社会、经济生活，到一切公和私的个人关系，无一不应根据上帝的意旨和圣经而重新塑造"，新儒家则抱持着"经世"理想，试图在此世全面地建造一个儒家的文化秩序。他们以"天民之先觉"自居，并将"觉后觉（包括士、农、工、商四民）看作是当仁不让的神圣使命"。这一经世理想体现在北宋时期主要为政治改革，到了南宋以后则日益转向教化，尤以创建书院和社会讲学为其最显著的特色。（Yu，2021：74—85）对有些学者来说，重要的是他们一概都属于"入世制欲"的类型。

进一步，随着陆象山和王阳明的特质和努力，有学者指出，新儒家伦理已深入民间，直接通向社会大众，不再为士阶层所专有了。而"新儒家伦理在向社会下层渗透的过程中，首先碰到的便是商人阶层"（Yu，2021：90—92）。这不只是因为 16 世纪已是商人非常活跃的时代；宋以后的士也多出于商人家族；更关键的是，"商人是士以下教育水平最高的一个社会阶层"（Yu，2021：98；122）。该学者又以极多的原典和史料，说明了传统上"士农工商"的四民顺序实质上已经受到重大修正；明清的儒家和商人都开始重新估量商人阶层的社会价值，甚至，"弃儒就商"都有与日俱增的趋势（Yu，

2021：99—120）。

　　他相信，这一切促成了新儒家伦理转化为明清商人的内在精神和义理。当时许多的"商业书和社会小说中都包含了通俗化的儒家道德思想"，它们构成了商人吸收儒家伦理的另一个来源。（Yu，2021：124）该学者从许多例证中言之凿凿，声称"儒家伦理已经推广到商业界"了，它对于当时商人的实际行为确实发生了直接或间接影响（Yu，2021：129—136）。

　　就好像"韦伯论新教伦理有助于资本主义的发展，首推'勤'（industry）与'俭'（frugality）两大要目"，该学者也同样说道，新禅宗的"不作不食"、新道教的"打尘劳"，和新儒家的"人生在勤"及"懒不得"都更加深了中国人对勤俭的信仰；而进展"到了明清时代，这种勤俭的习惯便突出地表现在商人的身上"（Yu，2021：137—138）。

　　还有，明清商人伦理中"诚信"和"不欺"也是占有中心位置的德目。韦伯却一口咬定中国商人的不诚实和彼此不信任，并认为这与清教徒的诚实和互信形成了尖锐对比。该学者批评韦伯这样的指摘有待商榷，因为"以16—18世纪的情形而言，中日研究者几乎异口同声地肯定了中国商人的诚实不欺"（Yu，2021：140）。

　　杨君实曾经质疑，内在超越之说能导出将赚钱当作"伦理上的责任"这一结论吗？（杨君实，1987：254）对某些学者来说，答案无疑是肯定的。有学者一再辩称，明清商人绝非如韦伯所理解的只有营利欲，而无超越性的宗教道德信仰，或"内在价值内核"（Yu，2021：141—146）。清教徒的财富动机是荣耀神，是一种来自上帝召唤的伦理责任，而明清商人同样"深信自己的事业具有庄严的意义和客观的价值"。士的事业在国，是"立功名于世"；商的"基业"在家，也足以传之久远。而两者相较，"良贾何负于闳儒"？这与王阳明所说的"虽终日做买卖，不害其为圣为贤"是相通的（Yu，2021：148—150）。该学者相信，在明清时代：

> 由于商人自己和士大夫都开始对商业另眼相看，商业已取得庄严神圣的意义。王阳明说"四民异业而同道"，现在商人确已有其"贾道"了。因此商人也发展了高度的敬业和自重的意识，对自己的"名""德"看得很重。（Yu，2021：150—151）

上述整个对韦伯的挑战和质疑，强而有力。与韦伯之论同样堪称精彩并极具原创性，绝对处于经典地位。只是，它们能站得住脚吗？

回头考察韦伯的论证结构，并分析其他学者的对照和驳斥重点，我们其实可以更大范围地归结出两个关键点来进一步研讨，这两个关键点是有层次性的。首先，儒家是否确实如韦伯所说的，缺乏上帝或天之类的超越意识，故而无从形塑出与此世之间的紧张性，并构成对此世的批判力量呢？其次，如果儒家在某种意义上缺乏上帝或天之类的超越意识，是否有其他类型的超越意识，可以取代性地形塑出与此世之间的紧张性，并构成对此世的批判力量呢？

3. 中国是否欠缺上帝或天的超越意识？

先就第一个关键点而言。持平而论，韦伯在此方面的讨论确实不够周延和深入。儒家虽有浓厚的人文与理性精神以及强烈的现世取向，但不只是部分学者所指陈的新儒家而已，早自商周时期开始，中国就已经不缺乏诸如上帝或天的超越意识了。

　　虽然有不少学者认为，商民族所谓的上帝就是他们的祖宗神[1]，或是"殷商祖先的集合体"（Chang，1976：157；许倬云，1968：435—458）。但对此，徐复观曾提出有力的驳斥，指出先王先公根本与上帝处在不同层次。[2] 更重要的是甲骨文学者的研究，呈现了最直接的证据。胡厚宣说道，上帝毋宁是超越性的至上神，与世俗化的祖宗神在权能上不可同日而语（胡厚宣，1959：25，37）。陈梦家也同样指出，卜辞中的上帝绝不享祭，"上帝非可以事先祖之道事之"。也就是说，殷人并不能直接向上帝求雨祈年，他们必须以祖宗神为媒介，而这正是祖先崇拜盛行的原因。从表面的仪节来看，殷人是向祖宗神祷告，但施与与否的决定权完全在超越性的上帝。（陈梦

---

[1]　这种看法大抵是受到了王国维、郭沫若以及傅斯年的影响。王国维认为："帝者，蒂也……象花萼全角，未为审谛，故多于其首加一。"（王国维，1975：卷六，艺林六）又在《殷卜辞中所见先公先王考》及续考两篇中表示："其云帝与祖者，亦诸帝之通称……故祖者，大父以上诸先王之通称也。"（王国维，1975：卷九，史林一）傅斯年也明言上帝是殷商的祖宗神（傅斯年，1980：265—278）。郭沫若则说殷人的宗教是将自己的图腾动物移到天上，因此是祖先神兼至上神。他又根据《山海经》的神话更具体地说，殷民族的上帝就是帝喾，而帝喾就是帝舜，亦是帝俊（郭沫若，1936：10—17）。屈万里对该问题的看法则似有矛盾。他一方面说，帝不是上帝、天帝或人间的帝王，而只是跟祭祀有关的"禘"；但在另文中却又承认卜辞中有以帝表示至上神的信仰（屈万里，1985：387—388，536）。

[2]　徐复观列举出了三项怀疑。他说，第一，商周两家的祖宗不同，如果上帝是商的祖宗神，则周人信仰上帝，岂非以殷人的祖宗神为自己的祖宗神吗？有可能会扛着殷商祖宗神的招牌去翦商吗？第二，如果说上帝是殷商的祖宗神，则凡称上帝时即等于称殷商的先王先公，二者的地位不仅在同一层次，而且在每一场合中，都只会称二者之一，或者互见互称。然而在史料中先王先公与上帝却经常以不同层次和意涵同时出现。譬如，既然说商的始祖契是"天命玄鸟"而降生的，即可见契不是天或上帝。又如商汤称"有夏多罪，天命殛之……予畏上帝，不敢不正……尔尚辅予一人致天之罚"（《尚书·汤誓》），这亦可见汤不是天或上帝。类似的例证更是不胜枚举（《尚书·盘庚上》《尚书·康诰》《尚书·召诰》《尚书·多士》《尚书·君奭》）。第三，周公认为夏朝的兴废也是由上帝在那里管事的，难道说殷的祖宗神管到夏朝去了吗？（徐复观，1982：239—243）

家，1936：485—576；1956：582，646）

到了儒家最推崇的周公，更是搬出了所谓“皇天无亲，唯德是辅”的诉求（《尚书·蔡仲之命》）。这一类强调“天”之超越与道德性的口号，弥漫在周初文献中，并构成周公用以翦商和安抚商民的重要成分。固然周公天命论的主角是天，而非商民族常说的上帝，但这种混用却能奏效，原因就在于天与上帝两个概念所蕴含的超越性。因为，若天与上帝只是世俗性实体的映照，或者说只是各自王室的祖宗神，那么，周公将之混用来翦商就变成一种极端的无知从而必定遭遇挫败。试问，哪有可能以自己的氏族神来号召与安抚敌人呢？它必然只会激怒商民族。

周公这一翦商的诉求代表了一个重大意义，即中国不仅有上帝或天之类的超越意识，而且经由他们对殷商王权的挑战及政治号召，正呈现了一种韦伯意涵的“与此世之间的紧张和批判性”。

不只商周时期是如此，到了两汉，诸如上帝或天的超越意识还经历了一场复兴。主要是受命说和灾异论，扮演的主角则是汉武帝和董仲舒。原本在汉文帝时，祭祀仍表现出儒家的人文与理性精神。但到了汉武帝后，祭祀已转化为一种原始性的功利宗教。他极为关心长生不老以及天地灾异之事（徐复观，1966：9—10），尤其热衷于以“封禅”作为自己受天命的证据。这种受命的观念其实由来已久。《吕氏春秋》就记载了黄帝、夏禹、商汤和周文王等的受命之符，如大螾大蝼的出现、草木于秋冬不枯、水中出金刃，或是赤鸟衔丹书集于周社（《吕氏春秋·应同篇》）。而秦始皇及汉高祖也有各自的符瑞说（《史记·封禅书》《史记·高祖本纪》《汉书·郊祀志第五上》）。

起初，在董仲舒的设计中是企图借天抑君的。他要求受命应以有德者为范围，而有德与否，则在于民心的向背。但到了汉武帝后，所谓的有德与民心向背已形同虚设，神秘性的符瑞才是主要的诉求。王莽的天命证据不仅数量庞大、象征实际，甚至是指名道姓（《汉书·王莽传第六九上》）。东汉光武帝则由于新莽前朝的插入，情况不允许沿用受命说，故采取了西汉成帝时甘忠可与哀帝时夏贺良的"再受命说"（《汉书·李寻传》《汉书·哀帝纪》），一方面用以证明新莽前朝的不正当，另一方面则用来表示刘姓汉家的中兴、再膺天命。此外，光武帝也以大量更具原始宗教性的"谶纬"作为天命证据。所谓的谶就是一种宗教预言，而纬则是以宗教观点诠释儒家经典，将"六经"神道化。在西汉末年，谶纬与儒学已经纠结难分，儒生与方士已经混合了。此后中国历朝皇帝以符瑞受命来支持政权正当性的情形同样层出不穷。

较之受命说更为凸显的是灾异论。早自春秋时代，以自然灾异来预卜吉凶即已流行。发展至两汉，董仲舒同样借此以实现抑君的企图。当时风气之盛，帝王的主要职责似乎变成了"调阴阳"，特别是要依四时、十二月、八风拟定时政纲领（《汉书·宣帝纪第八》《后汉书·显宗孝明帝纪第二》）。而环绕这一职责的众臣与官制则俨然形成一宗教系统，有些官制根据天象而设，有些则根据五行而设（《春秋繁露·官制象天第二四》《春秋繁露·五行相生第五九》）。重要的是，这些设置并非空洞而表面化的，它们在履践上表现了很大的宗教制裁力。由于阴阳不和，自责、自杀或遭劾奏者皆有之，如西汉哀帝时的宰相王嘉、左将军领尚书事师丹，西汉成帝时的丞相翟方进，东汉质帝时的太尉李固。天子下诏自责的例子在宣帝以后非常多。（郑志明，1986：85—95）

两汉的这些现象，不仅证明了一种超越儒家人文与理性精神的原始宗教普遍存在，而且借由受命说与灾异论，充分揭露出这一原始宗教性的天与此世之间存在着一种互动关系。在天人感应下，虽然这一互动关系未必就是紧张的和具有批判性的，反而可能是赋予正当性或圣化，但至少——尤其是灾异论——这种紧张和批判性的面向仍然是绝对强烈的。

综上所述，韦伯断言儒家缺乏上帝或天之类的超越意识，并因而无从形塑出与此世之间的紧张性，构成对此世的批判力量，这似乎是难以站得住脚的。然而，若我们再深入细究，韦伯的断言其实也不为过。因为从殷商以来，诸如上帝或天之类的超越意识，就一再地遭逢世俗与人文化的挑战和命运；而这种转化愈成功，就愈容易衍生出一种如韦伯所说的结果，即无从形塑出与王权和传统之间的紧张性和批判力量。儒家的借天抑君就是如此。无论是孔孟抑或董仲舒，表面上看起来是呈现了对王权和传统的批判，但最后却都归结于统治者的道德仁政和民心向背。严格来说，这并不能算是真正的超越意识。因为，天毋宁更多是一个象征，内在于心而不在于外；它同样被世俗与人文化了，表现为一种现世性的理性精神。

回顾前揭的历史，超越意识的这一世俗与人文化，开始于殷商原本的至上神被转化为祖宗神。日本学者伊藤道治即指出，甲骨文中自武丁以来的第一期，祭祀主要献给至上神；第二期以后祖先开始也称帝，地位日渐重要；第三期时对先王的祭祀非常频繁；到了第五期，祭祀祖先帝的周期才得以确定（傅佩荣，1985：21）。另一位甲骨文学者董作宾的研究，同样支持了这一看法（董作宾，1965：103—118）。这表明一个重大事实，即至少就殷商前期而言，政治王权的终极根源仍为至上神的信仰（傅佩荣，1985：4）。但到了殷商后期，由于世俗与人文化，也就是诸王僭用至上神的称号"帝"来荣显先祖先王，逐渐转变为祖先崇拜了。

史华慈（Benjamin I. Schwartz）指出，至少就商周时期而言，"祭祀祖先"（the worship of ancestors）与"祭祀死者"（the worship of the dead）是意义不同的两回事（Schwartz, 1985：21）。后者只是在感情上对去世者的追思与缅怀，而前者却是在社会上对自己家族过去光荣与权势的展示与夸耀。它尤其逐渐成为贵族王公的权力象征（Schwartz, 1985：21；Granet, 1975：57），因为只有他们拥有足够可夸的家族光荣与权势。而且随着政治斗争的炽烈化，这种形式的对光荣与权势的夸耀更加成为必要。

> 祖坟是王室都府的支配性象征。这或许提示了我们，王室祭祖的仪节具有安定城市的首要功能……统治者们处心积虑于祖先崇拜的宗教，以作为王室正当性的基础。（Schwartz, 1985：21）

笔者认为，造成这样一种世俗与人文化的重要因素，主要是中国始终欠缺独立的"祭司阶层"。先祖先王作为天人之间的中介，在长久分享上帝的权柄与尊荣后，很自然地在角色期待与身份自觉上逐渐圣化；再伴随着政治上的刻意操作，王室世系的神圣性就被绝对化了。而超越性的至上神在经过祖先崇拜的政治转化后，已经沦为商朝王室一家的专利神。

这不啻证明了韦伯的断言在某种意义上并没有错。殷商虽有上帝这一超越意识，但到了中晚期已经世俗与人文化了。借用韦伯的概念来说，这不是入世，乃是属世了；至上神不再抱持着超越价值来批判与改造现世，反而被转化为家族性的祖宗神，用来认同并结合既存的自家王权体系。一直要到周公，借由"皇天无亲，唯德是辅"的诉求，才重新恢复了至上神的道德面与超越性。诚如傅斯年所说，周公的所为让天脱开了商末祖宗神的自私与狭隘，成为临照四方、公正不偏的至上神（傅斯年，1980：265—278）。

只不过，周公的这一至上神的复兴还是世俗与人文取向的。因为它更多是基于政治性的考虑与策略，而非一种纯粹而超越的宗教精神。周的兴起虽然使得至上神再次压倒祖宗神，但周初仍出现了许多怀疑天的言论，而各种宗教的仪节也逐渐凌驾于神灵之上。严格来说，此际已不再有原始的神权政治之实质了。即使占卜以辨天命，也加诸了许多人文与政治色彩。新兴的政治典范毋宁是以道德为核心的治理。即使周公在诉诸天的超越性之际，也强调面对天曾经收回夏和殷政权的历史教训，"惟宁王德延，天不庸释于文王受命"（《尚书·君奭》）。也就是说，要在人文层次上努力，以德治来延长天命。周中叶以后，这样一个世俗与人文化的过程更加明显了。至上神及宗教精髓名存实亡；各种祭礼也更进一步沦为功利主义与政治权威的象征。发展到春秋战国的孔孟荀，这样一个世俗与人文化的历程算是完成了。

唐君毅很贴切地以"天神信仰"到"天道观念"的转化，来总结这一段宗教世俗化的历程。具体的要点有四：第一，天神之人格性的转化，即以天为自然之天；第二，天神之外在性的转化，以天在我们心中；第三，天人相对而有欲性的转化，即不对天作交易式之祭祀与牺牲；第四，外在祸福与内在善恶之不相离性的转化，即不以外在祸福为天神之赏善罚恶的表现（唐君毅，1977：174）。唐君毅的这四个要点并不见得周全，却很有说明上的代表性。

进一步地，到了两汉，虽然如前所述，经由受命说和灾异论，天这一超越意识经历了复兴，儒家的人文与理性精神转而受到贬抑。

但欠缺独立的祭司阶层这一因素，仍支配性地阻碍了超越意识的发展。因为，这意味着对天之超越性的最终解释权是握在最有权力者手中的。经常可见的是统治者总基于实质的支配权力与巨大的版图，诏告自己受命于天；而夺权成功的革命者或草莽英雄，也同样声称自己的胜利证明了前朝的无道。萧公权曾贴切地说道：

> 文帝以日食下诏罪己，哀帝则以天变策免丞相。董仲舒以"天人相与"诫武帝，王莽则陈符命以篡汉祚。班彪以王命论警隗嚣，公孙述则称图谶以据蜀。此后魏、晋、六朝之篡窃，无不假口天运以为文饰，不仅上古敬畏天威之信仰完全消失，乃至并与天命而窃之，以遂其僭弑淫暴之毒。（萧公权，1977：109）

西方的基督教则不然。至少在宗教改革之前，对上帝旨意的解释权是毫无疑问地握在神职人员手中的。王权尽管可以威胁利诱，甚或铲除不支持自己的神职人员，但仍始终不具有诠释上帝旨意的正当性。

更严重的是，董仲舒在通过受命说和灾异论以抑君之际，竟建构了将超越意识世俗化的最关键工程。他指出，天道高远，非凡人所能及。因而必须要有中间的媒介者；并且，这一中间的媒介者，正是宇宙秩序与人事政治能否调和及依序运作的枢轴所在。董仲舒基本上接受孟子的性善说，但又同时觉得人性中有不能全善的遗憾："米出禾中而禾未可全为米也。善出性中而性未可全为善也。"他相信，还得在"天性"之外加上"人事"（《春秋繁露·深察名号第三五》）。而这个人事指的是什么呢？就是"君道"与"王教"。所谓"止之内谓之天，止之外谓之王教"（《春秋繁露·实性第三六》）。人的善性只是进德的潜能，而若要实现这一潜能，必得进一步仰赖诸如王教这样的外在制约和规范。因此，董仲舒总结道：

> 天生民，性有善质而未能善，于是为之立王以善之。此天意也。民受未能善之性于天，而退受成性之教于王。王承天意以成民之性为任者也。（《春秋繁露·深察名号第三五》）

董仲舒这样的主张是划时代的。因为，君主之于人民，竟出现了一种绝对必要的成善性。也就是说，天子变成臣民之善质的实现者。

以基督新教而言，天人之间唯独以耶稣为媒介，其他的任何人都被排拒担任这个角色。而耶稣是由上帝而非人类派出的代表，并被称为与上帝同质同体的三一圣子。只有他是救赎的中保，是人们之善质的实现者。但在董仲舒以及所有儒家的天人理论中，可以确定的是，绝对没有像耶稣这样与上帝同质同体的类似于圣子的存在。因而，担任天人之间的媒介角色者，就只有在人世间的圣王了。

经由董仲舒上述的诠释，君王确立了在天人之间的枢纽地位，而一种基于宇宙论的普遍王权（universal kingship）于焉形成（Schwartz，1985：413）。难怪董仲舒借天抑君的企图终归失败，因为他在超越意识之外还增添了圣君可以代表天的理论。结果，儒家文化中的超越意识并不能真正发挥制衡皇帝的原始功能，反而是赋予了天子及其相关制度与符号的神圣性。也就是说，它经常所真正提供的，不是对世俗神圣性的贬抑功能，而是增强功能。皇权代表着天上的圣言与光耀，正是所谓的"皇极之敷言，是彝是训，于帝其训。凡厥庶民，极之敷言，是训是行，以近天子之光"（《尚书·洪范》）。

当然，西方在基督教影响下，并非不存在借上帝来增强世俗神圣性的情形。譬如中世纪的圣职观念，或是加尔文所谓的政府神圣性，以及后来的君权神授说。但它们与上帝比较起来，都只能算是次等而相对的神圣。更重要的是，它们绝对无从占有天人之间的枢纽地位，更不能作为臣民之善质的实现者。甚至，教皇与君王都被强烈地期待与要求，得承认自己是不折不扣、亟待成善与救赎的"罪"人。

这样看来，韦伯断言儒家缺乏上帝或天之类的超越意识，并因而无从形塑出与此世之间的紧张性，构成对此世的批判力量，这其实并没有错。儒家诉诸天的超越性，到头来还是沦入了尘世王权，而其中的紧张性当然薄弱，甚至可以说是化为乌有了。

4. 另一种内在式的超越意识与紧张性？

那退一步来说，儒家是否有上帝或天之外的超越意识，即另一种特殊的彼世，可以取代性地形塑出与此世之间的紧张性，并构成对此世的批判力量呢？这个提问其实正是部分学者所最在意而一再着墨之处。

诚然，如前所述，新儒家在"天命之性"与"气质之性"之间、在"理"与"气"之间，或是天理与人欲之间，都铺陈了一种不即不离的紧张性。两者既不能分离，又因矛盾冲突而须有所克制。甚至，他们的人性观也已经有着浓厚的幽暗意识了。因此会以"一种如临大敌的心情"来面对及超越政治和风俗上的罪恶。也就是说，新儒家对此世的基本态度，从来不是消极的"适应"而是积极的"改变"。

对于这番论调，韦伯肯定会义正词严地提出批评。因为，即使新儒家开展了属于"彼岸"的"天命之性",其"人伦近事"的核心实践,终究是圣君、家族、典籍等传统,以及由这些传统所抽象演绎出来的情和理。

就以家族模型为例,韦伯有一段话很精辟地指出:清教徒呈现为独立的个体而只需要去面对上帝;而儒家子弟却必须以家族的成员身份存在,并且因孝道及恭顺而有无限义务。韦伯特别提道:"孟子拒斥普遍的'兼爱',并认为那会抹杀孝道与公正,是无父无兄的野兽之道。"

> 清教徒将所有的人际关系——包括那些在生命里最自然亲近的关系——都评量为不过是另一种超越生物有机关系之外的精神状态的手段与表现。虔诚的中国人的宗教则相反地促使他在既定的有机个人关系里去发展他自己。(韦伯,1989a:303)

伴随而来的,是清教徒在职业团体里"将一切都客观化,并将之转化为理性的经营;将一切都消融为纯粹的事业关系(business relation),并以理性的法律与协议来取代传统"(韦伯,1989a:309)。而儒教徒则即使在职业团体里仍讲究和依赖家族关系。

有学者对此加以反驳,认为韦伯作出该判断是由于对中国史缺乏认识。明清大贾与"伙计"的关系即已向"事业功能"迈出了一大步。所以山西以诚实不欺闻名的伙计才会成为其他大贾"争欲得之"的对象。该学者甚至声称,这一伙计制度"可以说是中国经营管理阶层的前身"(Yu,2021:155)。

不过在笔者看来,这些辩词过于牵强了。一方面,儒家强烈的家族色彩是难以否认的;另一方面,所谓的"伙计"制度也根本难以符合韦伯对科层制度的标准，它恐怕仍是不折不扣的"传统型支配"下的忠顺关系。那些大贾并不是职位的"上级"，而是伙计的"主人"；伙计的身份基本上还是"随从"；他们的关系取决于个人的忠诚，并非"官吏无私的职责观念"和自由契约。再者，彼此的互动和职位上的行为，也还不能说是依据于合乎理性的规章。（韦伯，1996：29—31）

如果此番论调是薄弱的，那么，顺应着韦伯的论述逻辑，若天理只是此世人伦的形而上学翻版，何超越之有呢？在新儒家的铺陈与论证下，固然天理与人"欲"存在着不即不离的紧张性，但天理与人"伦"却不是矛盾，而是相应的；并且天理也不是高于人伦，而是彼此对等的实体。也就是说，在天理与人伦之间并不存在着所谓的紧张性。

细究而言，某些学者提出的内在超越之说，恐怕是一种错误的类比。因为，韦伯所谓的此世，指的是社会既存的结构、道德与价值体系，譬如礼仪、典籍与家族等的传统。而某些学者所谓的此世，却是代表着不伦、私己和恶性的"人欲"与"气"。两者各自落在不同层次的类别范畴里，对照出来的紧张性当然也就各异其趣了。许多人严重误解，以为韦伯认定儒家对此世只有"适应"而毫无批判；包括不伦、私己和恶性在内，儒家都只会予以默认配合。但这绝非韦伯的原意。他所谓的此世绝非某些学者所说的"人欲"与"气"。韦伯只是在表达儒家赖以批判的标准仍然是俗世性的传统与因袭。儒家对于堕落者的救赎，永远只在俗世的结构、道德与价值体系中寻找答案。

再从一个角度来审视所谓的内在超越。其较之基督新教的外在超越，不仅程度有别，性质也迥然不同。众所周知，儒家对于超越所采取的进路是内省自觉的，也就是通过自己的道德良心来反省和批判自己，并因而欠缺了西方那种诉诸外在监督及制衡的"制度性安排"。对于统治理想的实践，儒家深刻期待的核心，始终是不断进德修业、孜孜于道德自律的"君子"或圣君贤相。

学者钱新祖曾经做过一个很有价值的研究。他在分析刘宗周的《人谱》时发现，其中虽有许多自讼自责，但"自我"在角色互换上却具有高度弹性。自我既是批判者，同时也是被批判者。自我忽而在内，作为被控诉的对象，又忽而在外，成为对自我的控诉者（钱新祖，1983：17—18）。这充分显示，儒家的超越进路确实是"内在"的，而整个超越过程中唯一具有主体性与决定地位的就是道德化的自我，绝不假手于任何外在的"他力"。简单地说，就是通过自我的道德性超越来救赎自我。

这明显迥异于基督教在超越上的进路。基督教完全拒斥了人可以通过道德的自我修养与升华而得到救赎。这就是为什么要从《旧约》的遵守十诫和律法，进展到《新约》的十字架救赎与恩典。耶稣为救赎人类的罪而被钉在十字架上，这一"代偿"行为正宣告了人无法通过道德的自我修养而"称义"；救赎唯一之路是认罪悔改，接受自我已经因着十字架的代偿恩典而称义了。其中所蕴含的重大的意义，是这一"超越"完全来自上帝主动的作为，从来不是人通过自力的成果。

从基督教来看，儒家的内省自觉在生命超越上毋宁是一条死路。因为，大多数人存在着较之康德（I. Kant）的"道德趋迫"更无上的命令，即霍布斯（T. Hobbes）所谓的"自我保存"（self-preservation）。在自我保存的人性趋迫下，人经常选择的是对自己有利的辩词、判断与立场。结果，内省自觉固然会发展出对自我的责备或批判，却也极为可能演变成自我辩解、自我原谅，甚至是自满与自义。关键的因素在于儒家文化中绝对而主体性的存有，是人而非天，但在基督新教中，绝对而主体性的存有，却是上帝而非人。

宗教改革的主角马丁·路德（M. Luther）就曾屡次宣称，人相对于上帝的本质和地位乃是"全然的罪人"（totally sinner）。既然如此，在上帝与人之间的紧张性中，就无从产生角色互换的可能。也就是说，上帝是绝对而永不妥协的批判者，自我则是永远卑微的被批判者。这与儒家的内在超越比较起来，明显而严重地欠缺得以自我辩解，甚或自我原谅的转圜空间。它不仅会带给被批判者巨大的心理与改变压力，甚至足以产生出许多如弗洛伊德（S. Freud）笔下的精神病患者来。

事实上，在弗洛伊德以西方为背景的理论中，"超我"的主要部分，就是来自宗教的规范以及永不妥协的上帝谕令和旨意；而"自我"相对地只是有罪而等待审判的焦虑存在。许多西方人的存在光景，除了忏悔与认罪外，并没有脱逃之路。所有的自我辩解、自我原谅、自满或是自义，也都站立不住。但儒家在内省自觉的道德进路下，正如钱新祖所说的，存在的却不是"分裂的自我"，而只是在不同时间和场合里，轮流扮演控诉者与被控诉者的"完整的自我"（钱新祖，1983：18）。可以说，超我不过是自我的另一种形式与化身。

以此而论，新儒家的天理相对于人欲，固然如某学者所说的有其内在超越性，但在内省自觉的途径下，就正如一场自己审判自己的场景。试问，自己审判自己又有何真正的紧张性可言呢？自己虽是嫌疑犯，却同时是主持控诉的检察官，还是最后宣判裁决的法官。

它通常的结局，恐怕很难不是无罪开释了。既然给予审判压力的就是自我，若要纾解压力，也只需要求助于最好商量和讲话，又对自己最有感情的自我。如此一来，内省自觉反而替自我的罪疚寻出脱逃之路了。

整个来说，某些学者的内在超越之说，不仅基本上是一种错误的模拟，其所具有的紧张性也被高估了。它固然可以在某种程度上修正韦伯所言，却无法推翻其立论的本旨，更绝对不能像金耀基那样，将它引用来证明"韦伯这个儒家伦理阻碍资本主义的发生论点是不易站得住脚的了"（金耀基，1992：137）。或许，韦伯的问题只在于他的表达庞杂又暧昧，经常让人混淆，甚至造成误解。让我们再回头看看前述所引用的韦伯之言，来铺陈这一节整个质疑的小结：

> 儒教……是个理性的伦理，它将与这一世界的紧张性降至绝对的最低点。……他们没有超越尘世寄托的伦理，没有介于超俗世上帝所托使命与尘世肉体间的紧张性，没有追求死后天堂的取向，也没有恶根性的观念。……当然，罪过是存在的，不过在伦理的领域里，它指的是对传统权威，对父母，对祖先，以及对官职层级结构里上司的冒犯。（韦伯，1989a：294—296，209—210）

> 在儒教伦理中所完全没有的，是存在于自然与神之间、伦理要求与人类性恶之间、罪恶意识与救赎需求之间、尘世的行为与彼世的补偿之间、宗教义务与社会—政治的现实之间的任何紧张性。也因此，缺乏通过一种内在力量自传统与因袭解放出来而影响行为的杠杆。（韦伯，1989a：302—303）

　　针对上述的这两段话，韦伯或许应该修正的是，儒家虽是个"理性的伦理"，但并不缺乏诸如天或上帝之类的超越意识；它在"伦理要求与人类性恶之间、罪恶意识与救赎需求之间"也并非没有任何紧张性；更不能说儒家"缺乏通过一种内在力量自传统与因袭解放出来而影响行为的杠杆"。

　　韦伯的第一个盲点在于，未能发现儒家的整个理性伦理始终是以天为最后基础的；也就是说，儒家是存在着"彼岸"的，不是只有此世。如果完全否定掉了天，儒家的理性伦理将陷入无以立足的困境。这是立仁道于天道，而非以仁道取代了天道。

　　第二个盲点则在于，他错误地以为既然没有超俗世的上帝，就不会存在着批判现世传统与因袭所需要的紧张性。事实上，新儒家在上帝之外呈现了另一种特殊的"彼岸"，它同样开展出了若干紧张性与批判力量。

　　但韦伯没有错的是，诸如上帝或天之类的超越意识，在中国一再遭逢世俗与人文化的挑战和命运；而这种转化愈成功，确实就愈容易衍生出一种结果，就是无从形塑出与王权和传统之间的紧张性和批判力量。即使是新儒家在上帝之外所呈现的另一种特殊"彼岸"，在本质上也同样是如此。到头来，天理不过是此世人伦的形而上学翻版，而所谓的人伦在落实上所根据的，又不外是源自古圣先贤的礼仪、典籍与家族等传统，以及由这些传统所抽象演绎出来的情和理。再加上儒家的超越所采取的是内省自觉的不利路径，自己是嫌疑犯又同时是主持控诉的检察官，还是最后宣判裁决的法官。而在自我保存的人性趋迫下，其所能呈现的紧张性和批判力量恐怕就相当有限了。

　　固然，在某些学者的论证下，"士"因秉持天理而负有改造社会的使命并具有政治上的批判力量；明清商人也因受到新儒家伦理的熏陶，而在生活的通俗层次上有其"贾道"。但无可否认的是，它们在现实情境中真正所展现出来的毋宁是相对薄弱的。也就是说，它们往往只是"理想"而已！对此，有学者一方面指出，其真实的情况如何是一个方法论上的困难，无从用量化的途径求得解决（Yu，2021：137）。但另一方面，他倒也诚实地提醒读者，一般的商人仍是孜孜为利的，正如一般士人是为功名爵禄而读书的，只是其中有一些是"幼有大志"、秉持超越性动机的。"我们也绝不能夸张明清商人的历史作用。他们虽已走进传统的边缘，但毕竟未突破传统。"（Yu，2021：163—164）

关键的原因是什么呢？有学者认为在于专制和官僚的阻碍；他说"良贾"固然不负于"闳儒"，但在官僚体制之下，却是一筹莫展了（Yu，2021：164—165）。只是，从笔者前述的论证来看，除了专制和官僚的阻碍外，内在超越这一路径的本质弱点，应该也是一个祸首。既然上帝或天之类的超越意识总被世俗与人文化，而天理又不过是此世人伦的形而上学翻版，再加上内省自觉所导致的自我合理化和自义，可想而知的是，当现实情境出现了威胁利诱等压力或困境时，原本该有的紧张性和批判力量经常就龟缩，甚至瓦解了。诉诸内在超越的学者必须正视一个经验上的事实，即西方基督宗教中那种委身于上帝、为义受逼迫，乃至殉道的绝对精神，在中国社会里是少有的。

从这样的角度来看，韦伯还是对的。虽然儒家的天、上帝或天理，个中的超越和批判性是确实存在的，但并不具有如西方超俗世上帝的真正地位。在儒家的精神和价值世界中，天或上帝是有一个"座位"的，但比起清教徒给予上帝的"宝座"，可是有很大差别的。

整个韦伯的断言，就由此铺陈出了儒家缺乏超越的向度。虽然仁道没有取代天道，并且天在仁道的实践过程中还扮演着重要地位，但天意总是依据着君主是否进德爱民而展现的，天理到头来还是人理。韦伯其实非常有洞见，他看得很清楚，儒家的天所代表的是不具有救赎意涵的"俗世宗教"（lay religion）（韦伯，1989a：208）。儒教徒几乎未曾怀疑过，靠着内省自觉的力量就可以无限升华、参天地之化育了。既然如此，何需外在的上帝来救赎呢？明显可见，历经世俗与人文化洗礼的仁道，已经将原本宗教意涵的天转化成道德意涵的天了。所谓的内在超越之说，固然可以在某种程度上修正韦伯所言，却无法推翻其立论的本旨。即儒家只是"此世制欲"。它缺乏"入世制欲"因紧张性而从传统与因袭中解放的足够力量。因此，它一方面发展不出近代资本主义所必需的经济理性主义，也无从将谋求财富与经济上的成功视为伦理上的一项召唤与责任。

二、经验与实践层次的质疑：通俗儒家说

论述了上述第一种对韦伯断言最强而有力的质疑后，让我们进入第二种类型的质疑。它不再从理论与思辨层次上着手，而是改从经验与实践的层次来挑战韦伯。它立足于东亚的经济奇迹，声称这一历史过程已经推翻韦伯对儒家不利于近代资本主义发展的断言了。

话说 20 世纪 50 年代的东亚，就如同其他亚非拉丁美洲社会一样，是属于未开发的世界。国民所得低微，产业落后、缺乏竞争力。但 30 年后，至少在经济层面，已开始跻身进步国家之林。即使后来历经东南亚金融风暴和若干不景气循环，东亚社会在全球体系中，无论就经贸分工、成长率还是国家竞争力而言，都已具备举足轻重

的地位了。面对这样一个巨大的转变和成长，除了归因于若干国家政策、经济要素与国际条件外，是否有一些文化上的解释呢？

对此，"儒家伦理"是盛极一时的答案。事实上，不只是盛极一时，迄今还相当程度地被视为既定结论，或是进行其他研讨之先的已知前提。当然，该答案的提出绝对与韦伯密切相关。一方面，它可以视为韦伯《新教伦理与资本主义精神》一书在东亚地区的延伸应用；另一方面，它也代表了对韦伯有关儒家不利于近代资本主义之断言的挑战。

典型的论述就譬如金耀基所说的，"随着东亚地区几个社会生猛惊人的经济发展"，这一"巨大的经验现象"已经使得韦伯"对儒家伦理之有害经济发展的假设""受到了严厉的考验"，甚至构成了"最大的挑战"（金耀基，1992：137，139）。他先是引用了桑普森（Anthony Sampson）颇为感性的看法：

> 没有任何地方比东亚这些年轻地方的经济活动的速度更蔚为巨观了。它们是中国台湾、韩国、中国香港与新加坡。……是什么东西使这四个地方从亚洲的沉睡中突然唤醒？是什么给予它们普罗米修斯（Prometheus）之火？是什么给予它们浮士德的野心去控制它们的环境呢？（金耀基，1992：139）

继而进一步介绍了康恩（H. Kahn）和勃格（P. Berger）在这些方面的讨论。并且力言，东亚的经济奇迹除了结构的因素以外，如果要有文化的解释，答案就在于儒家伦理。因为"东亚这些社会属于中国文化圈……而中国文化的主导成素是儒家"（金耀基，1992：141）。

持类似立场的学者不计其数（于宗先，1985；魏萼，1993：

1825；梁明义、王文音，2002：127—130），甚至还蔚为一股风潮。他们普遍将焦点集中在勤劳节俭、重视教育、纪律顺从、家族传统以及集体主义等特质上；并且声称，这些特质虽然未必就是写在传统经典中的儒家思想，却是表现在民众日常生活中的"通俗儒家"，或是所谓民间的"社会性儒学"（金耀基，1992：166）。这些概念所指涉的，康恩则称之为"后期儒学论题"（post-Confucian thesis），意指东亚社会在儒家价值体系熏陶下所发展出来的思想和工作伦理（Kahn，1979）。

勃格特别指出，他赞成韦伯对儒家不利于近代资本主义的看法，但认为韦伯所讲的儒家思想指的是古代中国的义理，而不是普及至百姓日常生活中的儒家伦理。他说韦伯未能预见现代中国从帝国的保守力量解放出来后，儒家思想表面上虽然似乎死了，事实上已经转变为老百姓的一种工作伦理，并在现代化中扮演重要的角色。金耀基认同勃格的看法，他说，在今日"后期儒学"时代，那种"帝制儒学"或"制度化儒学"在东亚地区的华人社会中都不存在，或已解构改造了。然而，儒家的社会文化信念和价值，却在非儒家式的制度环境里，找到了一种新的和再生的表达方式。（金耀基，1992：143—144，166）

至于这一新生的通俗儒家其主要的内涵是什么呢？金耀基归纳道，"是一套引发人民努力工作的信仰和价值"，"一种深化的阶层意识，一种对家庭没有保留的许诺（为了家庭，个人必须努力工作和储蓄），以及一种纪律和节俭的规范"。（金耀基，1992：144）

整体而言，这些论述不乏有力的卓见和启发性，也得到相当普遍的肯定响应。但它们是否确实动摇，甚至推翻了韦伯对儒家不利于近代资本主义的断言呢？让我们先将其议题本质加以厘清。

1. 与韦伯断言有真正的遭遇和挑战吗?

首先呈现出来的是,这一论述的开始竟然就在主题上与韦伯失焦了。韦伯的提问所针对者,仅仅是西方的近代资本主义,而非更为广义的经济发展或是所谓的"商业资本主义"(mercantilism or commercial capitalism)。按照韦伯的定义,后者只是一种单纯地将私人获得的资本用于经济交换中以赚取利润的类型。

在韦伯原本的论述中,早就完全承认了儒家有功利主义的一面以及对财富的肯定;他也发现中国人从商的精明和商业活动的热络。他甚至说,在中国这块土地上可以清楚地看到"营利欲"和"对于财富高度的乃至全面性的推崇"(韦伯,1989a:309—310)。但令人惊讶的是,韦伯说道:

> 在这种无休无止的、强烈的经济盘算,与非常令人慨叹的极端的"物质主义"下,中国并没有在经济的层面上产生那种伟大的、有条理的营业观念——具有理性的本质,并且是近代资本主义的先决条件。(韦伯,1989a:309)

因为,近代资本主义更是一种"精神气质"。两者的区别"并不在赚钱欲望的发展程度上"。它不是为了享乐或个人利益而赚钱,而是将赚钱当作是伦理上的责任或召唤。①

　　有一些人让黄金欲成为不受控制的欲望,并全身心去顺从

---

① 这个字在德语中是 Beruf,有终生的职业的意思。译为"天职"似有出入。它至少含有一个宗教的概念,即上帝安排的任务,是来自上帝的召唤(韦伯,1991:59);在华人基督教圈中通常将其译为"呼召"。

它。……在历史上的任何一个时期，只要有可能，就必有置任何伦理道德于不顾的残酷的获利行为。（韦伯，1991：41）

但近代资本主义的精神，则"更多是对这种非理性欲望的一种抑制或至少是一种理性的缓解"（韦伯，1991：8，36—37，44）。它一方面谴责对财富的贪欲和唯利是图的道德盲目；另一方面，却又将追求利润和致富看作是庄敬虔诚的诚实者的信仰考验和结果。

据此，即使论者证明了东亚经济奇迹得力于儒家伦理，也不能说是推翻了韦伯之论。因为，韦伯所断言的乃儒家缺乏一种将赚钱当作"伦理上责任或召唤"的信念，而非儒家无法产生任何追求利润的动机和致富的效果；韦伯所断言的是儒家不利于近代资本主义的萌芽，而非广义的经济发展。

韦伯一再力言，仅仅是商业活动的昌盛，未必可等同于近代资本主义的兴起。他特别强调后者的"理性化"特质，即它运用理性化的生产技术，展现理性化的组织纪律，结合理性化的法律与行政机关，以及理性化的牟利行为和经济生活（韦伯，1991：9—15）。但近代资本主义的这些特质，显然与东亚经济的真实面貌有很大差距。东亚国家普遍经历长期的威权统治，更多倾向于不利近代资本主义发展的"传统型支配"①，而不是理性化的法律与行政机关。其企业又经常兼以浓厚的家族主义，欠缺科层体制的理性纪律；并且，就在企业精神的阙如下，也几乎谈不上什么理性化的牟利行为和经济生活。②虽然时至今日的东亚风貌已有所变迁，但上述状况的历史确切性仍告诉我们，并不适合根据东亚的经济现象来验证韦伯有关儒家不利于近代资本主义发展的断言。

进一步地，这些学者的论述不只在主题上与韦伯失焦了，还在论证的诉求途径上根本避开了韦伯。他们几乎都只是立基于经验性的东亚经济奇迹，而对于韦伯断言的基础论证竟完全未置一词。譬如，对于中国是否欠缺天或上帝之类的超越意识；儒家的"制欲精神"是否就无入世性；儒家是否在个人与世界之间缺乏紧张性，因而无从发展出自传统与因袭中解放的批判力量；儒家又是否只通过传统的典籍和道德制约来自我实现，追求的不过是功名、财富、圣贤人格以及教养阶层地位之类的现世目标。这些都是韦伯据以断言

---

① 按照韦伯所见，传统型支配是不利于近代资本主义发展的。主要原因如下：第一，因为它的经济往往只是达成政治与社会稳定的一个必要条件。近代资本主义中那种"利润无限扩大"的观念不仅不必要，而且经常被当作一种道德上的罪恶，当然最主要的原因，是它在某种程度上威胁了支配者所代表的社会与政治的体制秩序。第二，重要的利润之门，譬如各种规费、杂税，甚至重要的民生物资等企业，几乎都掌握在支配者及其行政干部手中。第三，管理执行的一般性格也限制了理性经济行为。他们一方面缺乏正式专业的训练；另一方面，所秉持的传统主义也对理性规则造成严重的障碍。既谈不上效率，更充满了贿赂及贪污。而"现代资本主义对于所有法令、管理及税收上的不合理性皆太敏感，因为这些不合理的制度摧毁了可估量性（calculability）"（韦伯，1996：51—57）。令人惊讶的是，韦伯在考察中国的时候竟然也注意到，先秦时期有"经济政策却没有创造出资本主义的经济心态。战国时代的商人的货币利得，实际上可说是国家御用商人的政治利得"（韦伯，1989a：305）。

② 韦伯就曾在一段文字中说道，新教伦理的一大成就正是打破亲属的束缚，使家与商业完全分开；而反观中国，则太重亲族的个人关系，丧失企业精神，导致经济发展受到了限制（韦伯，1989a：304，309）。

儒家不利于近代资本主义的关键立论，但它们在康恩、勃格和金耀基等人的论述中却是彻底被边缘化的。这些学者纯粹只从东亚经济的经验性历史发展，来衍生并断言儒家伦理正是其背后的文化因素。

最特别的是，他们明白指出，自己所讨论的是与韦伯所批评者不同的另一种儒家。这清楚地表明他们并没有打算要真正与韦伯对话，当然也就不必理会韦伯的基础论证。他们所做的其实非常吊诡，即在韦伯所批评的传统儒家（他们称为帝制儒家或制度化儒家）之外，提出韦伯根本没有提到过的另一种通俗儒家，然后用来驳斥韦伯在批评传统儒家时所得到的结论。

这种吊诡当然可议。因为他们对于韦伯的断言并没有推翻，也无所谓肯定，而是根本没有碰触，也无交锋。韦伯原本所指的，是传统儒家不利于近代资本主义的发展；而这些学者所声称的，却是在现代新境中，出现了一种有利于经济发展的通俗儒家。至于韦伯对过去那种儒家不利于近代资本主义的断言是否正确呢？双方既未遭遇，也无所谓挑战。让笔者打个符号比方吧！韦伯原本所指的是A（传统儒家）不利于C（近代资本主义）；而这些学者所声称的是B（通俗儒家）有利于D（经济发展）。他们完全没有跟韦伯争辩到底A是否确实不利于C，他们只是搬出了一个韦伯从未提到过的B，声称其有利于韦伯从未否定的D，然后有人竟因此就糊里糊涂地说韦伯错了，他对儒家的断言被推翻了。

在这种没有对话交集的情况下，我们实难想象，金耀基如何能高调地宣称，韦伯"对儒家伦理之有害经济发展的假设"已经"受到了严厉的考验"，甚至构成了"最大的挑战"。当然，并不是该论述的所有学者都像金耀基这样犯错走调①，但类似的论调却在现今的学界中经常此起彼落，似乎东亚的经济奇迹已经在这些学者的论述下将韦伯的断言推翻了。这实在是严重的错置与膨胀。

2. 切割策略下已死的儒家如何重生呢？

厘清了议题本质与论证的诉求途径后，我们可以进一步来检视这些学者的论述是否成立。虽然这些论述与韦伯的断言既不相冲突，也不对后者构成真正威胁，但其中牵涉的内容，对于儒家伦理在经济上的意涵仍是值得深思的。尤其当这一论述已经蔚为风潮、广受接纳后，检讨它是否站得住脚就更具意义和重要性了。

试问，在现代新境中，确实存在着一种这些学者所谓的通俗儒家吗？而这一声称表现在百姓日常生活中的伦理，又是否可以作为解释东亚经济奇迹的文化因素呢？

初闻之下，这套论述其实是令人瞠目结舌、惊讶不已的。因为自清中叶以来，历经五四运动与 20 世纪的诸多政治文化运动，儒家进入有史以来最衰微的阶段。而在此花果飘零的窘状下，竟然会有人声称存在着一种旺盛的、有别于传统意义的通俗儒家，并且它还支配了当前历史的巨大经济现象！

如此令人错愕与震撼的宣告，可想而知会让许多人难以接受。或许，正是为了缓和这一错愕与震撼，这些学者采取了一种切割的说辞，即：一方面承认传统儒家在近代中国已经花果飘零的事实；另一方面则转个弯，声称自己所主张的是另一种儒家，它不是已经

---

① 即便是金耀基自己也说道，"后期儒家命题"即使被证实，它也并不能视为对韦伯原初命题的根本否定。但这番话指的却是资本主义的"产生"与资本主义的"采用"是不同的两回事（金耀基，1992：153）。对于韦伯有关儒家伦理不利于近代资本主义的断言，金耀基还是从东亚经济奇迹的角度认为韦伯错了。

枯萎的过去那一种了，而是在帝制终结后的新生产物。

这种切割无疑是一种极高明的策略。它让这些学者可以在主张通俗儒家为东亚经济奇迹背后的文化因素之际，同时又在经验事实面上符合儒家在近代中国的衰败命运。更重要的是，它让这些学者可以毫无羁绊、充分自由地装填所谓通俗儒家的内涵。一来是从来没有人用过这一概念，二来它又不是已经"死掉"的那种传统儒家，因此，它的内涵就由这些学者自己决定了。即使孔孟荀、朱熹或任何大儒的论述，都因为属于帝制终结前的传统儒家，而可以相当程度地被暂放一边。

问题是，这样的切割衍生了后续理论开展的矛盾。因为，如果确如这些学者所声称的传统意义的儒家已死了，"在东亚地区的华人社会中都不存在"了，那还能凭借什么基础、根据什么标准，来主张通俗儒家不仅存在，还充满着支配东亚经济的巨大活力呢？譬如，传统意义的儒家有着浓厚的家族意识，而如果它在东亚地区的华人社会中已经不存在了，那在当前发现的亲属高度联结的经营方式和家族企业，是从哪里冒出来的呢？还可以说是属于儒家伦理吗？它不是已经死掉了吗？

再譬如，忠君思想是帝制儒家的核心意涵，而如果它在东亚地区的华人社会中已死，那在当前发现的对企业委身的忠诚，凭什么还可以认定依旧是儒家的伦理呢？还有集体主义以及对功名科举和教育的热衷等，都是如此。如果它们作为传统儒家的主要内涵，确实都已经不复存在了，那该如何在基础都已被掏空的情况下，来认定和证成它们正是东亚经济奇迹背后带有极大活力的文化因素呢？

显然这些学者声称传统意义的儒家已死是自我矛盾的。正确而言，儒家无论是抽象义理还是实践伦理的内涵，就其传统意义与现代新生之间，根本是无法一刀两断予以切割的。这些学者没有选择地必须宣称，东亚经济中亲属高度联结的经营方式和家族企业反映的正是传统儒家浓厚的家族意识。而华人对企业委身的忠诚，也正是传统儒家里"忠"的精神表现。再者，东亚华人对教育的重视，以及对组织纪律的服从，同样是传统儒家的历史遗绪。

从表面上看，这似乎只是定义、语病或表达上的小问题而已。只要改用其他诸如"转化"之类的语词来代替"已死"或"不存在"等概念，或许困扰就可以解决了。但事实上并没有这么单纯。因为若改用"转化"之类的语词，这些学者所期待的分割效果就变弱了。更关键的是，即使能够如此，他们都还得解释：到底在帝制终结后的现代新境中，存在着什么样的因素或机制，使得一个已经溃败的传统儒家，不仅能够重生，而且还充满了活力，支配着整个东亚华人地区的经济？这个问题必须被严肃面对。到底是什么样的"普罗米修斯"之火，让气若游丝的传统儒家竟能转化为生气勃勃的通俗儒家？遗憾的是，这些学者在提出高明的切割策略之际，始终完全没有给出何以能转化和复活的答案。

3. 有经验性的"动机研究"为基础吗？

那么退一步而言，若提不出何以能转化和复活的答案，至少要给出通俗儒家确实存在，并深刻支配着东亚经济奇迹的证据吧！遗憾的是，上述学者在此方面同样让人大失所望。

通俗儒家的论述经常被诟病的是，它想要模仿韦伯的经典之作《新教伦理与资本主义精神》，从而对应地提出儒家伦理来作为解释东亚经济奇迹的文化因素。但韦伯的论证奠基在极大量坚实的经验性史学材料上，前述的《中国近世宗教伦理与商人精神》一书也是如此。而主张通俗儒家的学者对于东亚企业家及人们的经济行为，却缺乏最起码的（遑论有分量的）经验性"动机研究"。[①] 在如此的情况下就声称通俗儒家不仅存在，还是东亚经济奇迹背后的文化因素，这只能是一个高度不可靠的猜测罢了！杨君实说得好："就连八十年前韦伯所做的工作，也还没有人去进行。"

> 事实上，如果去收集有关目前台湾企业家宗教信仰的统计资料，至少可以作为一个可资凭借的出发点，使人知道究竟是"儒家伦理""妈祖伦理"还是"新教伦理"影响了这些企业家的行为。（杨君实，1987：257）

有学者曾因此拒绝"直接参加社会学家关于现代儒家伦理的讨论"。因为许多"关于儒家伦理和华人地区经济发展的讨论主要都是一些推测之辞"。他相信："无论是接受或否定韦伯的理论，我们最后都不能不诉诸经验性的证据。"（Yu，2021：60，169）

　　学者这样的批评和坚持是有道理的。因为它直接涉及了韦伯建构"新教伦理"时所采用的方法学，就是所谓的"理念类型"（ideal-type）。它既是以特殊的历史经验为对象，又具有抽象的普遍意义；它虽是主观投射的一种心智建构，却以客观的历史经验作为主观建构的材料。而当这些作为建构基础的材料发生某种程度的改变时，其原先所建构的理念类型也要随而修正更新了。新教伦理作为一种理念类型的建构是如此，通俗儒家的建构又何尝可以跳过经验材料，

---

① 特别要说明的是，时下所谓的"经验性研究"已经被窄化为只是问卷或访谈之类的实证调查。事实上，韦伯和其他学者所说到的"经验性"是广义的，包括了实证调查以及史学材料，尤其偏重后者。笔者使用"经验性"一词也是如此。

任凭想象臆测呢？

那些声称通俗儒家存在并深刻支配东亚经济奇迹的学者，无可避免地要先针对东亚企业家及人们的经济行为，作出经验性的"动机研究"，也就是去理解他们的投资、经营和理财等相关经济行为的内在企图和诱因。无论是史料性质的探索，还是实证性的调查与访谈，都是不可或缺的。借用韦伯的话来说，就是去理解其基本心理动机的整个"推断演绎"过程（"deductions" from fundamental psychological motives）（Weber，1968：496）。如此才能判断是否东亚经济奇迹的背后存在着一种可以称之为通俗儒家的文化因素。

缺乏了这一经验性的"动机研究"为基础，尽管金耀基等学者如何高调地声称儒学在现代不死，也只不过是转变了形式，改以日常生活的伦理，继续全面支配着现代人的思想与行为。在韦伯看来，这恐怕也不过是先知式的宗教语言罢了！

4. 如何辨识区别是否属于儒家的伦理？

最后，一个更大的难题是，即使累积了丰富的经验性"动机研究"成果，又该如何辨识区别所发现的内在企图和诱因，到底是儒家伦理、佛教伦理，还是民间宗教如妈祖的伦理，或者其实是日本殖民文化的遗留，或晚近西方传入的文化内涵呢？

就以勤劳节俭为例，为什么它可以归类为通俗儒家的内涵呢？虽然在前述的论证中，有学者一再指出这是新儒家的伦理，但它何尝不也是源自中国人长久以来的贫穷和精耕农业的模式？更启人疑窦的是，在义理上，勤劳节俭从未曾是儒家与众不同的特质；佛教肯定比儒家更强调勤劳节俭，为何不能将之归类为佛教伦理呢？

　　再者，通俗儒家所强调的纪律顺从，若归类为潜藏在专制文化下的法家因子，其实并不为过。再佐证以现实的面向，它恐怕更多是东亚社会长期威权政体影响下的产物。有趣的是，在许多声称儒家可以发展出民主的学者中，不是经常强调儒家具有自由主义的精神，而将纪律服从归诸政治化的腐儒吗？试问，儒家是什么？在许多答案中，我们经常看见的是随风转舵、各取所需。

　　另一个明显的例证是金耀基所谓香港人对家族传统的功利主义。他信誓旦旦地根据一些颇为边缘的经验性研究，断言存在着一种"工具理性主义的儒学"或所谓的"理性传统主义"，并且它正是促进香港经济成功发展的一个"重要和有利的文化因素"。当然它"已不再是韦伯所了解的那种儒学传统"了（金耀基，1992：165—166，154），金耀基改称之为"社会性儒学"。而它的基本特质，是"人们不必是在感情上去珍爱那些所谓传统文化内在的价值，传统之所以被有选择性地保留，是由于它们在追求经济目标的时候，显示了它们有外在的有用价值"（金耀基，1992：159）。他说道：

　　　　中国传统不再被视为一种内在的、神圣的、美好的东西而为人所拥抱，而是基于工具的、实用的考虑，并作为一种文化资源而为人们选择利用。……人们追随传统，但他们绝不是传统主义者，维持和依从儒家传统是因为它可以服务于现实的经济目的。（金耀基，1992：165）

　　金耀基特别谈到的是偏爱亲私关系的家族主义。他指陈，在香港的中资企业主和经理人确实在雇佣上偏爱亲私关系，但亲私关系在这种情况下只是"被视为一种手段和工具来利用，因为雇主觉得亲属比其他人更值得信任"。"因此，亲私关系至今仍然在香港存在，主要是由于它已是因经济之目的而被善于运用的一种'文化资源'。"（金耀基，1992：163）

对此，我们姑且不谈金耀基赖以断言的经验性研究有多薄弱，也暂时不去质疑他有何根据而可以声称，在雇佣上偏爱亲私关系是"促进香港经济成功发展的一个重要因素"。[①] 笔者首先不解的是，为什么它被归类为所谓的"社会性儒学"而不是传统儒学？中国人不是很早就广为利用亲属关系（攀亲引戚），来撒开一张得以升官发财的社会网络吗？传统上，中国人的现实主义是闻名遐迩的，亲属关系早就被当作是一项可以服务于经济和社会地位的"资源"。而在古老漫长的中国历史里，雇主之所以偏爱亲私关系，原因本来就是在极大程度上觉得亲属比其他人更值得信任。这哪是在香港因着新的文化条件而发展出来的新的"社会性儒学"呢？

退一步来说，即使亲私关系在传统中国纯粹被视为一种"内在的、神圣的、美好的东西"来拥抱和委身，那么，当它如金耀基所说，已经彻底被当作是"一种手段和工具来利用"时，这其实正证明了工具理性主义乃历史中真正的支配与主导力量。因此，金耀基不就应该以工具理性主义去解释香港的经济发展吗？怎么会去诉诸一个处于被利用和被转化地位的儒家呢？正确地说，他所声称的"工具理性主义的儒学"，在其中工具理性主义是支配与主导的，而儒学则是被俘虏、被挟持的。

---

① 金耀基在此有严重的跳跃。他所根据的经验研究只说明了若干香港的小工厂存在着雇佣上的亲私关系，但这对于香港的经济发展是利或弊，又影响到什么程度呢？这是需要进一步的研究和证据的。金耀基不能没有进一步的研究和证据，就直接推论说它所反映出来的"工具理性主义的儒学"正是"促使香港成为成功的新型工业社会重要和有利的文化因素"。

衡诸历史，伴随西力而来的工具理性主义在当代征服的并不只是儒学，它还席卷了许多传统的伦理、宗教和文化。我们不能赞同的是，在解释支配与主导东亚历史的巨大力量时，为何竟舍弃了最旺盛强大的主角——工具理性主义，而硬是将那些已经丧失自主力量、处于被改造命运的伦理、宗教和文化冠为招牌？

从上述诸多的讨论中可以发现，"通俗儒家"这一概念像极了一个残余变项（residue variable）。学者们根据各自的理论旨趣，各取所需来加以诠释。它一方面不受其他概念脉络的约束和限制，因为从来没有别人使用过这个概念；另一方面，它又早已通过切割，声明了自己不是传统意义上的儒家。再者，对于它的内涵以及是否存在的经验证据，也被刻意放到一边了。于是，举凡那些想当然耳、似乎对经济发展有利的文化特质，诸如勤劳节俭、纪律服从、忠诚委身、家族主义、工具理性、重视教育等，都被装填在这个概念里了。

而反过来，传统儒家中那些似乎对经济发展不利的文化因素，诸如"万般皆下品，唯有读书高"的士大夫观念①，裙带关系下的公私不分、感情不中立，信任感无法超越家族范围（福山，2004：

---

① 许多论者指出，光宗耀祖之类的家族因素是华人致力于经商的重要动机。但陈其南却指出，其中存在一种矛盾性。因为按照儒家伦理，光宗耀祖只能通过诸如科举致仕的手段来完成，而不是经商。但反过来，经商致富又是供养学子求学致仕的有效手段。陈其南并不赞成家族伦理是启动资本主义的机制（陈其南，1988：139—140，141—142）。张维安对明清两淮盐商的实证研究完全证实了这一点。一方面，盐商的下一代比其他人拥有更大的机会进入士绅阶层；另一方面，盐商通常并不满足于经济上的富裕，而常鼓励下一代子弟走向科举考试，以改变劣等于士大夫的社会地位。张维安指出，这种"商而优则仕，影响了其朝向经济领域的继续累积"。久而久之，"许多商人便不再以经商为职志，而是以经商作为走向宦途之踏脚石"。（张维安，1990：57—59）

38—40，83，87—121），缺乏未来取向的时间观念（Lawrence，2003：421，426），官僚习性的员工心态和作风，墨守成规、不鼓励创新的八股式教育，以及道德主义下对利润极大化的排拒（叶仁昌，2006：490—496）等，则在不经意间被这些学者从"通俗儒家"这一概念中排除了。排除之后，这些看起来似乎不利于经济发展的文化特质，在帝制终结后的现代中国新境中，当然也全都不见了。它们既不曾获得新生，活跃为老百姓日常生活中的伦理；而且即使有，也一副与儒家无关的样子。

归结这些学者一个关键的谬误，在于没有理解表现在社会大众日常生活中的想法与行为，通常是各种政治、经济、社会与文化和不同思潮交错下的综合体，而且它们经常是以吊诡的（paradoxical）形式互相联结的，既不适合直接归类为某一思想体系的内涵，也难以断定其对政治、经济或社会发展的利弊得失。尤其在全球化与多元主义盛行的现代社会，不同文明之间的涵化（acculturation）十分复杂纠结。我们可以肯定东亚经济发展的背后确实有文化因素作为重要助力，但它绝对难以断言就是所谓的通俗儒家。它必然是不同文明成分互相交错下形成的某种综合体。

当然，这一综合体有儒家伦理的成分，但又绝非儒家伦理所可以涵盖。姑且不谈日本、韩国及新加坡的情形①，就以中国台湾地区而论，它应该还包括了不同程度的佛教伦理、威权文化、属于小传统的民间习俗与观念，以及大量的西方文化等成分。更重要的是，

---

① 笔者对于这些学者将东亚归类为儒家文化区，也难以接受。它明显地过度化约，严重忽略了这一地区在文化上的复杂性与辩证关系。即使是儒家能否独断地代表中国文化，从严谨的学术而言都充满争议；若还要说成是整个东亚文化的代表，恐怕日韩学者都会提出抗议。该论调所反映的，毋宁仍是一种传统以来视其他文化为蛮夷的"儒家中心主义"。

这一综合体有许多与儒家相关的成分甚至是不利于经济发展的。譬如前述的"万般皆下品，唯有读书高"的士大夫观念，裙带关系下的公私不分、感情不中立，信任感无法超越家族范围，缺乏未来取向的时间观念，官僚习性的员工心态和作风，墨守成规、不鼓励创新的八股式教育，以及道德主义下对利润极大化的排拒等。

小结：韦伯有错，但仍站在那里！

回顾整个第一章的讨论，对于诉诸儒家内在超越性的义理，其对韦伯断言的挑战只能算是有限度的修正。韦伯的第一个盲点，在于未能发现儒家的整个理性伦理始终是以天为最后基础的。也就是说，儒家绝对存在着"彼岸"，不是只有此世。这是立仁道于天道，而非以仁道取代了天道。第二个盲点，则在于他错误地以为既然没有超俗世的上帝，就不会存在着批判现世传统与因袭所需要的紧张性。事实上，新儒家在上帝之外呈现了另一种特殊的"彼岸"，它同样发展出了若干紧张性与批判力量。

但韦伯没有错的是，诸如上帝或天之类的超越意识，在中国一再遭逢世俗与人文化的挑战和命运；而这种转化愈成功，确实愈容易衍生出一种结果，就是无从形塑出与王权和传统之间的紧张性，并从中解放并发展出经济理性主义的力量。即使新儒家在上帝之外呈现了另一种内在式的特殊"彼岸"，在本质上也同样如此。到头来，天理不过是此世人伦的形而上学翻版，而人伦的核心在落实上所根据的又终究是圣君、家族、典籍等传统，以及由这些传统所抽象演绎出来的情和理。再加上儒家的超越性所采取的是内省自觉的路径，即自己虽是嫌疑犯，却同时是主持控诉的检察官，还是最后宣判裁决的法官。而在自我保存的人性驱迫下，其所能呈现的紧张性和批判力量，恐怕确实是相当有限的。

对韦伯来说，儒家终究因缺乏真正的超越性方面而属于"此世制欲"。一方面，它通过传统的典籍和因袭的道德制约来自我实现，追求的是功名、财富、圣贤人格以及教养阶层地位之类的现世目标。谋求财富与经济上的成功，绝对不会是伦理上的召唤与责任。另一方面，它也部分解释了何以传统中国始终欠缺近代资本主义所需的经济理性主义——传统中国的法律与行政机关未能如韦伯所指称的理性化，反倒是充斥着不利于经济的"传统型支配"；传统中国又兼以浓厚的亲族和传统主义，导致了企业精神的丧失，而实现利润极大化所需的科层体制及其理性纪律也同样受到了限制。

至于立基于东亚经济成就而展开的反韦伯之论，事实上双方根本没有真正地遭遇和交锋。而在现代新境中，是否存在着所谓的通俗儒家？又是否可以作为解释东亚经济奇迹的文化因素呢？一来是论者在切割策略下没有解释到底在帝制终结后的现代新境中，存在着什么样的因素或机制，使得气若游丝的传统儒家竟能转化为生气勃勃的通俗儒家；二来是对于通俗儒家是否确实存在并深刻促进着东亚经济奇迹，论者也缺乏对东亚企业家及人们的经济行为的足够的经验性"动机研究"。最后，即使累积了丰富的研究成果，又该如何辨识区别所发现的内在企图和诱因是否确实属于儒家的伦理呢？

整个来说，可见的是通俗儒家彻底地被当作一个残余变项，举凡那些似乎对经济发展有利的文化特质都被装填了进去；而那些可能与儒家相关，却不利于经济发展的文化特质，则在帝制终结后的现代中国新境中好像全都不见了。它们既不曾获得新生，活跃为老百姓日常生活中的伦理；而即使有，也是一副与儒家无关的样子。归结这些学者一个关键的谬误，在于没有理解表现在社会大众日常生活中的想法与行为，通常为各种政治、经济、社会与文化和不同思潮交错下的综合体，而且它们经常是以吊诡的形式互相联结的，既不适合直接归类为某一思想体系的内涵，也难以断定其对政治、经济或社会发展的利弊得失。

　　当然，上述两种对韦伯断言的质疑和论述，它们的不成功并非就证明了韦伯的正确。而迄今，如何解释东亚经济奇迹背后的文化因素，仍未解决。在这一章有关经济伦理的儒家与韦伯的对话中，笔者所达成的不过是检讨并排除了若干偏见而已，至于韦伯的断言呢？经历了一阵阵的强风后，晃了几下，似乎还屹立在那里！

第二章

财富思想的对话：
无限利润心？

楔子

对于韦伯有关儒家不利于近代资本主义的断言，笔者在前一章"经济伦理的对话"中，已经讨论了两种主要的质疑。但这样来处理韦伯的断言还是不够的。其中有一个重大环节必须填补上去。

无论是内在超越说，还是立基于东亚经济成就的通俗儒家论，都完全忽略了经济伦理中不可或缺，甚至最直接的要素——财富思想。也就是说，儒家对于财富的基本态度，究竟是予以肯定，还是拒斥呢？相关的前提或条件又是什么？可以接受大富吗？拥有财富的合理范围为何？

事实上，韦伯自己在这一方面的论述不多；在立场上既暧昧，又矛盾，更有许多盲点。他虽然明确指出儒家欠缺了"利润无限心"，而这正是近代资本主义赖以发展的一大关键。但遗憾的是，韦伯的论证并未诉诸儒家财富思想这一最直接的证据，而是转了一个弯，基于儒家与清教徒在"制欲精神"上的差异比较。

或许，笔者可以在本章填补上这样一个重大缺憾，也借以从另一个角度——儒家的财富思想——去批判检验韦伯所谓儒家欠缺利润无限的观念是否正确。

这就是接下来要探讨的"儒家与韦伯"的第二个对话：财富思想的对话。

前言：经济伦理的一个遗漏

在今天这样一个几乎是由经济所支配的时代，对于韦伯有关儒家不利于近代资本主义的断言，实在是关心儒学现代性的人所面对的头号课题。在前一章"经济伦理的对话"中已经讨论了两种主要的质疑。但仅仅如此来处理韦伯的断言还是不够的。其中有一个重大环节必须填补上去。

在前一章的探索之际，笔者惊讶地发现，无论是内在超越说，还是立基于东亚经济成就的通俗儒家论，都完全忽略了经济伦理中不可或缺，甚至最直接的要素——财富思想。也就是儒家对于财富的基本态度，究竟是予以肯定还是拒斥呢？相关的前提或条件又是什么？可以接受大富吗？拥有财富的合理范围为何？

这种缺漏不免让人觉得存在一种喧宾夺主的偏失。对于经济伦理的探讨，固然可以扩及整个哲思和文化的相关内涵，诸如内在超越性、勤劳节俭、重视教育、纪律顺从、家族传统以及集体主义等，但人们对于财富的基本态度，绝对是直接相关、不可或缺的。

韦伯自己对于儒家财富思想的讨论也不多，可能所知有限。他一再从"君子不器"的观念，指出儒家作为一个教养身份阶层，往往不屑于投入经济与财政的专业。因为"心灵的平静与和谐会被营利的风险所动摇"，而"奠基于通才或自我完成上的儒教美德，比起因某一方面的贯通而得来的富裕，要来得崇高"（韦伯，1989a：225—226）。尤其是担任官职以后，更必须拒斥营利行为，因为"这被认为是道德上的暧昧不明，并且与其个人的身份地位不相符"（韦伯，1989a：223—224）。

但韦伯却又矛盾地认为："儒教与儒教徒的心态，崇拜财富……没有任何其他的文明国家会把物质的福利作为终极的目标而抬得这么高。"（韦伯，1989a：304）"财富对于一种有道德（亦即有尊严）的生活，与对于将自己献身于自我之完成的能力而言，是个最重要的手段。"（韦伯，1989a：313）在另外一处地方，他又说道，儒教"与所有基督教派公认一致的看法形成尖锐对比的是，物质财富在伦理上并不被认为是一个首要的诱惑之源（不过当然也承认有种种的诱惑）。财富实际上被看作是足以提升道德的最重要手段"（韦伯，1989a：212）。

从中可以发现，对于儒家的财富思想，韦伯的论述是零散而片段的，并且在理解和立场上既暧昧，又矛盾，更有许多盲点。他虽然明确指出儒家欠缺"利润无限心"，而这正是近代资本主义赖以发展的重大关键。但遗憾的是，其论证并非诉诸儒家财富思想这一最直接的证据，而是转了一个弯，基于儒家与清教徒在"制欲精神"上的差异比较。

这毋宁是一个不小的遗憾，我们必须填补上去。而这样去做的一个重大意义，是可借由另一个角度——财富思想而非制欲精神——去批判检验韦伯所谓儒家欠缺近代资本主义所必需的无限利润心是否正确。通过这样的途径，我们或许可以另辟新径地挑战韦伯断言，当然，其结果也有可能会是异曲同工地支持了韦伯断言。

由于篇幅与能力所限，本章的讨论范围将局限于先秦儒家，并兼论及两汉的司马迁、董仲舒和《盐铁论》的相关内容。虽然这一范围的局限性，使得这里不可能呈现出儒家财富思想的全貌，但至少可以说，它们已经形成儒家财富思想的主要内涵，甚至是基本论调了。以下，笔者将从先秦儒家如何看待贫穷着手，析论贫穷是否为美德的条件，进而探讨其对财富追求的肯定是否有双重标准。并由士君子是否可以求富这一问题，开展出另一层次的讨论，即儒家的道德主义如何凌驾于财富之上？而一种中庸式的小康论，其具体的衡量标准在哪里？又如何构成儒家阶层秩序理念的一环？

一、贫穷不是美德的条件

关于财富思想的一个讨论起点，可以是思想人物如何看待贫穷这一状态。其主要意义在于，它可以反映出思想人物是否在本质上就鄙视财富，是否将财富视为生命超越与升华的某种障碍，或将无产当作某种社会方案的必要条件？可以理解的是，如果财富被视为个人或社会的罪恶，则贫穷自然成为一种可欲的状态，甚或目标。随而，经济增长的诉求与企图也将受到制约，所谓的近代资本主义在理论上当然无从衍生。

观之西方财富思想的历史，都曾一再出现主张贫穷的论调，甚至还在历史中的若干阶段蔚为影响深远的洪流。典型者如希腊的犬儒主义（Cynicism），他们追求成为一个像狗一样过着简单生活的哲人（dogman）。相信只有德行是唯一的需要，也是完全的满足。这有赖于某种不役于物的生活方式，财富因而成为美德在实践上的障碍。[1] 中世纪著名的修士圣·方济各（St. Francis）更是一例。他不断提到钱财如粪土，应该逃避钱财就像逃避魔鬼一样。他相信，贫穷可以使人特别亲近上帝。基督的信徒应该因基督而成为最贫穷的人，并且以贫穷为自己的配偶和最大的财富。[2] 再者，如宗教改革家马丁·路德的主张，甚至有一种贫穷反而代表着上帝的宠爱与赐福的意味。他对信徒宣告说：

> 钱财是世界上最微末的东西，是上帝恩赐中最小的。它和上帝的道相比，算得了什么呢？它和我们身体上的恩赐，如美丽和健康等相比，算得了什么呢？它和我们的理智和禀赋……相比，又算得了什么呢？……因此，上帝通常是把钱财给那些得不到他属灵恩赐的人。（Luther，1959：307）

此外，莫尔（T. More）也同样属于低度评价财富，甚至将财富视为罪恶的代表性思想人物。他在《乌托邦》（*Utopia*）一书中，通过书中主角拉斐尔（Raphael），阐发了鄙视财富的强烈主张。他说：

> 拉斐尔到一个小岛上，发现那里的人用金银做便壶和其他污秽的容器……用金银做捆绑奴隶的脚镣和手铐……罪犯的耳

---

[1]　犬儒主义者宁可做一个流浪的穷人，以大自然为家，以野味或乞讨为生。谈到食物，他们说，路边充满了可以食用的植物和水泉；当然也不需要有自己的厨房，因为可以跟冶金的人借火。至于衣服，只要有一件长袖就够了，夏天将袖子折起，冬天则放下来。（Bury et.al.，1923：84）

[2]　圣·方济各从开始宗教生活一直到逝世，他所拥有的只是裤子、單袍、系衣服的绳子，此外别无他物。曾有人求他救济，他就解开袍子，褪下裤子送给对方，直到自己一无所有。

朵戴金耳环、手指戴金戒指、头上戴金冠。在各方面，他们都以穿戴金银为咒诅……珍珠与钻石……他们加以琢磨，用来取悦孩童。孩童因这些装饰华丽的东西喜悦与自豪，但是年长以后，自然会丢掉它们，而且当作华丽而无用的玩意儿……相对地，岛上的人觉得很奇怪，竟然有人在看到星辰与太阳后，还那么陶醉于小宝石的微弱闪光；竟然有人渴望穿着毛织品的衣服，来抬高自己的身份；竟然有人对无用金子的评价，超过人对自身的评价；他们尤其惊讶的是，有些人并不欠富人什么债，或是对他们有什么恐惧，却对富人恭维备至。（More，1949：44—46）

先秦儒家在这一点上却迥然不同。他们几乎完全没有鄙视财富或以贫穷为美德条件的思想。孟子的养民论是最明显而强烈的证据。在当时普遍追求富国强兵的功利主义下，他高亢地诉诸人道主义、为民请命，要求统治者在追求富强的同时必须"制民之产"，让百姓"仰足以事父母，俯足以畜妻子，乐岁终身饱，凶年免于死亡"（《孟子·梁惠王上》）。他并且宣称，这其实是霸业的真正基础——只要能够妥善照顾人民的生计，"然而不王者未之有也"（《孟子·公孙丑上》）！

孟子在这一方面的主张是具体而微、毫不空泛的。他为了让百姓富裕，不只规划出国君养民的目标："不违农时……数罟不入洿池……斧斤以时入山林……使民养生丧死无憾"；"五亩之宅，树之以桑，五十者可以衣帛矣。鸡豚狗彘之畜，无失其时，七十者可以食肉矣……黎民不饥不寒"（《孟子·梁惠王上》）。孟子还提出了税制改革意见，以节省人民的负担。除了主张井田制度下的"助耕公

田者不税"以及"什一田赋"外①，还主张"市廛而不征，法而不
廛……关讥而不征……廛无夫里之布"②（《孟子·公孙丑上》）。对孟
子来说，这些让百姓富庶的措施，甚至是国君赖以一统天下的最关
键凭借。

更特别的是，不只追求富强应当如此，孟子更将养民放在儒家
所最重视的道德教化之前。明显地，处在贫穷线以下的人们，往往
难以保有自觉的尊严，而自我尊严感正是道德实践所不可或缺的心
理状态。甚至，因为迫于眼前的基本匮乏和生存威胁，以致铤而走
险、作奸犯科。据此，孟子也同样强调，在温饱的前提下才易于进
一步将百姓"驱而之善"（《孟子·梁惠王上》）。相反地，若"惟救
死而恐不赡，奚暇治礼义哉"（《孟子·梁惠王上》）？显见，对孟子
而言，贫穷不仅不是美德的条件，还会导致寡廉鲜耻，成为美德的
障碍。而养民既是统治者的仁政，更是人民赖以进一步实践美德的
物质基础。

值得一提的是，孟子虽然在性善方面的主张比较接近柏拉

---

① 从表面上看，井田制度是公私并耕的方式，因此似乎意味着孟子反对土地
的私有化。但事实上，孟子对井田制度的向往，强烈地出于其中蕴含了公私之间
彼此体恤、上下交让、互相存问的家族式温情与伦理。对孟子而言，这充分表达
了以真血缘关系为模型，而扩张为天下式之假血缘联系的理念。但另一方面，同
样重要的是，在井田制度下，农民已经助耕公田了，其"私"田的出产物不必再
缴税，可尽归己有。这对农民无疑是很好的照顾，可以让他们至少在基本生活上
不虞匮乏。对于当时现实情况中什一田赋的演变，孟子唯一持不同意见之处，仅
仅是他希望将之局限于城邦中来施行；至于新开垦的野地，则应该纳入传统的井
田制，此即"野九一而助，国中什一使自赋"。但无论是实行井田制度下的"耕
者，助而不税"，或是分田制禄下的什一田赋，孟子的着眼点，始终都是为了养
民与富民。（侯家驹，1985：141—142）
② 此处"廛"指的是农工商者所居的房地（士大夫等所居则称为"里"）；或
是政府所建，供商人存储货物的房舍。在市区中，前者有所谓的市宅税；后者也
须以"布"（当时的钱币）缴纳货仓税。

图（Plato）的理型论，但在财富的立场上，却类似于亚里士多德（Aristotle）。柏拉图要求统治阶层应远离黄金和白银，主张一种将权力予以"消毒"和去私的无产思想（Durant，1926：43）。但在亚里士多德看来，贫穷反而会导致美德的丧失。试问，若囊中羞涩，将何以培养慈善、慷慨与好客的美德？亚里士多德虽然也反对财富的"积聚"（accumulation），却坚称美德的一部分即是如何有意义地使用金钱。[①]

　　孟子的上述主张，固然非常类似于管子的"仓廪实则知礼节，衣食足则知荣辱"（《管子·牧民》）。但究其渊源，恐怕还是来自孔子。孟子只是更急切而具体罢了！孔子多次要求"节用而爱人，使民以时"（《论语·学而》）和"时使薄敛"（《中庸·第十九章》），显然就是注意到了贫穷问题。他甚至对鲁哀公说："政之急者，莫大乎使民富且寿也。"（《孔子家语·贤君》）而对于经济富足与道德教化之间，孔子的立场更是毫不模糊。所谓"富之，既富乃教之也。此治国之本也"（《说苑·建本》）。又说："既富矣，又何加焉？曰，教之。"（《论语·子路》）这些都显示出孔子绝无以贫穷为美德条件的观点，更是将民生富足视为教化的物质基础。

　　至于荀子，或许因为与孟子同样处在民生严重危机的战国时期，故而对经济富足的主张也显得强烈。他首先肯定欲望与物质需求是"人之情"，即"食欲有刍豢，衣欲有文绣，行欲有舆马"，甚至希冀能累积财富，这就是"又欲夫余财蓄积之富也"（《荀子·荣辱》）。

[①]　亚里士多德相信："Property is both an ethical good and a potential evil." 这已经跟柏拉图很不一样了（Nelson，1982：61）。其又主张有私产才能培养慈善、济助朋友和宾客等美德。像柏拉图设想的那种一元化国家，根本没有慷慨可言（Aristotle，1957：61—62）。

既然如此，统治的原理就应当予以顺应和满足。荀子在批评墨子与宋钘的治国之道时，所提出的就是如此主张。他相信，赏罚之所以有其效用，正源于人性中对欲望满足的必要，而此乃自古皆然的统治原理。

> 人之情为欲多而不欲寡，故赏以富厚，而罚以杀损也，是百王之所同也。故上贤禄天下，次贤禄一国，下贤禄田邑，愿悫之民完衣食。（《荀子·正论》）

循此而论，善政当然需先让百姓拥有财富。所谓"不富无以养民情……故家五亩宅，百亩田，务其业，而勿夺其时，所以富之也"（《荀子·大略》）。

对于荀子和孟子而言，他们都面临战国时代的一个共同社会问题，就是统治阶层通过各种名目的课征和重税来遂行聚敛[1]，导致百姓陷入严重的贫穷窘境，甚至丢弃田产，沦为豪门的奴仆式佃农，或远走他乡、逃亡山林（杜正胜，1987：379—380，411—413）。诚所谓"君之民老弱转乎沟壑，壮者散而之四方者，几千人矣"（《孟子·梁惠王下》）。因此，荀子也同样提出了税制改革的问题，他说："王者之等赋、政事、财万物，所以养万民也。田野什一，关市几而不征，山林泽梁，以时禁发而不税。"（《荀子·王制》）他并且警告统治者："取民者安，聚敛者亡。故王者富民，霸者富士，仅存之国

---

[1] 原本在封建城邦时期只征收十分之一税，但各国到了春秋晚期纷纷加重。鲁国公已收十分之二，犹嫌不足。齐景公更离谱，高达百分之六十六以上（《左传·昭公三年》）。进入战国后，随着军费所需，税率又不断提高，可能是十分之四。此外，还有反映在民生日用品上的间接税。

富大夫，亡国富筐箧、实府库。"（《荀子·王制》）荀子还有一段话，更表达了藏富于民的理念。①

> 故天子不言多少，诸侯不言利害，大夫不言得丧，士不通货财。有国之君不息牛羊，错质之臣不息鸡豚，冢卿不修币，大夫不为场园。从士以上皆羞利而不与民争业，乐分施而耻积臧。（《荀子·大略》）

对很多人来说，荀子这番话似乎耳熟能详，从财富思想来看，这段话有其非常重要的意义。因为，他在此将一个国家府库的富裕，与人民家产的富裕予以对照化了；并且声称，真正可以让国家长治久安的是"富民"，而不是"富筐箧、实府库"。这一主张影响颇为深远。为了清楚阐释荀子有关藏富于民的思想，我们有必要进一步探讨后来《盐铁论》中有关财经政策的辩论。当时的文学贤良就曾提出一种将"富民"与"富国"加以对立化的观点，来反驳桑弘羊将钱币以及盐铁收归国家经营的立场。他们声称：

> 民人藏于家，诸侯藏于国，天子藏于海内。故民人以垣墙为藏闭，天子以四海为匣匮。……是以王者不畜聚，下藏于民。远浮利，务民之义。（《盐铁论·卷一·禁耕第五》）

---

① 在《韩诗外传》卷四中，有一段话与此极为类似："士不言通财货，不贾于道。故驷马之家，不持鸡豚之息，伐冰之家，不图牛马之入，千乘之君，不通货财，冢卿不修币施，大夫不为场圃，委积之臣，不贪市井之利。是以贫穷有所欢，而孤寡有所措手足也。"

这种藏富于民的诉求，不只反驳了桑弘羊所谓国富可以带来民富的论调，更拒斥了以官僚为主导的国家资本主义。

但是否儒家也在某种意义上选择了西方古典自由主义中的"利益调和论"呢？即认定作为一个整体的"社会利益"是空洞的，所谓的社会利益，不过是一个社会中个人利益的总和（Bentham，1967：126）。从一个方面来说，答案是肯定的，因为儒家相信，国家富裕的真谛就是各个百姓的富裕，而每一个人的富裕，加起来就是所谓的国家富裕。但从另一方面来说，答案又是否定的。因为，儒家缺乏古典自由主义中对市场供需平衡法则的信念，更未能对亚当·斯密（Adam Smith）所最主张的人的自利心予以完全支持。

不过，对于排除国家各种名目的课征和重税、聚敛与剥削，并肯定对于个人财富的追求，两者的立场却是颇为相似的。他们都相信，"富筐箧、实府库"的那种国富，与藏富于民的那种民富无法并存，甚至互相消长。就譬如后来的《盐铁论》中所指陈的情形，汉武帝假借治安、社稷和市场等理由来消灭当时若干的私人资本家①，却为统治者与官僚阶层创造出一种新的阶级身份。他们"攘公法、申私利、跨山泽、擅官市……执国家之柄，以行海内……威重于六卿，富累于陶、卫"。原来，"权利深者，不在山海，在朝廷；一家害百家，在萧墙，而不在胸邸"（《盐铁论·卷一·禁耕第五》）。文学贤良们嘲讽由官僚主导的国家资本主义，"犹食毒肉愉饱而罹其咎也"（《盐铁论·卷二·非鞅第七》），就是吃有毒的肉来充饥。它最

---

① 桑弘羊认为自己的财经政策是为了打击资本家，特别是盐铁的官卖以及统一钱币。因为，铸钱、炼铁或是制盐都是民生大宗，一旦被私人垄断，后果不堪设想。他们不仅会控制市场，很可能还成为恶霸。小则压榨老百姓，大则威胁社稷。（《盐铁论·卷一·复古第六》）

后的结果是导致人民更加贫穷。[①]

　　令人惊讶的是，儒家在此对于国家资本主义的批判，正符合韦伯对于"传统型支配"的若干观点。韦伯相信，传统型支配并不利于经济发展，其中的一个原因就是重要的利润之门，譬如各种规费、杂税，甚至重要的民生物资等，几乎都掌握在支配者及其行政干部手中。[②] 此外，官僚在管理执行上的一般性格也限制了理性经济行为。他们一方面缺乏正式专业的训练；另一方面，所秉持的传统主义也对理性规则造成严重的障碍。既无效率，又充满了贿赂及贪污[③]（韦伯，1996：52—57）。韦伯的这一分析，正说明了儒家提出"富民"的概念来对抗"富国"的背景。

　　归纳而言，从上述对孟子、孔子与荀子的讨论，显见他们并没有鄙视财富或以贫穷为美德条件的思想。不仅如此，贫穷更会因为自我尊严感的丧失而导致道德教化的困难。据此，先秦儒家不仅肯定了欲望满足的必要性，更也肯定了追求财富是欲望满足的一个必要手段。而若是以这样的立论应用在今日社会，我们可以断言，儒家伦理用来支持经济发展是可以有其"种子"的。并且更重要的是，

---

①　儒家在批评桑弘羊的财富重分配之说时即指出："今欲损有余，补不足，富者愈富，贫者愈贫矣。"（《盐铁论·卷三·轻重第十四》）

②　中国至少在战国以前的情形就是如此。贵族对于商业活动的发展有一定的干预能力。譬如在《左传·昭公十六年》中就有一个例子，郑国商人出售贵重的玉环给晋国大夫韩起，都还得征求领主郑子产的同意。即使韩起已经拿到玉环了，商人仍然说必须告诉"君大夫"才算真正成交。瞿同祖也指出，春秋时代的"商贾只是贵族的私人，为贵族到各处去寻求奇物巧货。只是以货易货的原始交易，不能名之为商业经济。商人绝不能富敌诸侯，而相抗礼"（瞿同祖，1938：336—337；李剑农，1981：76—77）。可以说，当时的商人"大多是附属于官府的执事人员"（冯尔康等编著，1988：53）。

③　令人惊讶的是，韦伯在考察中国的时候竟然也指出，先秦时期有"经济政策却没有创造出资本主义的经济心态。战国时代商人的货币利得，实际上可说是国家御用商人的政治利得"（韦伯，1989a：305）。韦伯对中国的了解，不可谓不深。

虽然缺乏对自利心的肯定，儒家的这一支援仍纯粹建立在个人所得上，而不是国家整体经济的发达，或政府与国库的富裕，也就是所谓的民富而非国富。

二、士君子同样可以求富

进一步，对于儒家的财富思想，还有另一种与此相关的主要论调，即声称儒家的立场是两轨并行的，即一般人可以求富，而士人或所谓的君子则应当"志于道"，并且以贫穷为乐。似乎，对于孔子来说，士君子经由对"道"的委身与实践，所获得的满足感不仅优于物质与财货的丰富，更可以完全超越贫穷所致的匮乏与窘境。所谓"饭疏食饮水，曲肱而枕之，乐亦在其中矣"（《论语·述而》）。相反地，对于那些声称"志于道"，却热衷于土地、田产和华宅，或"耻恶衣恶食者"，孔子更是不屑并予以非议（《论语·里仁》;《论语·宪问》）。至于孟子，则更是说"无恒产而有恒心者，惟士为能"（《孟子·梁惠王上》）。如此一来，先秦儒家对于士君子，似乎根本就是主张效法颜回"一箪食，一瓢饮，在陋巷"（《论语·雍也》）的贫穷了。

荀子在这一方面的言论更完整而有代表性。他在分析礼义的起源与功能时，特别着眼于经济资源的分配。他相信，礼义的效用与目的是追求经济资源分配的优化，即让最大多数人在有限资源下获得最大可能的满足。这正是所谓的"使欲必不穷乎物，物必不屈于欲，两者相持而长，是礼之所起也。故礼者养也"（《荀子·礼论》）。荀子更指出，礼义的功效是"两得"，若任乎情性，则是"两丧"。

孰知夫出死要节之所以养生也！孰知夫出费用之所以养财
也！孰知夫恭敬辞让之所以养安也！孰知夫礼义文理之所以养
情也！故人苟生之为见，若者必死；苟利之为见，若者必害；
苟怠惰偷懦之为安，若者必危；苟情悦之为乐，若者必灭。
故人一之于礼义，则两得之矣；一之于情性，则两丧之矣。
（《荀子·礼论》）

荀子借此表达出，欲望的满足固然不能脱离财富，而人们也总
是企求更大的满足，"食欲有刍豢，衣欲有文绣，行欲有舆焉，又欲
夫余财蓄积之富"。但更关键的养欲之道，却是经由道德性的礼而予
以节制和超越。

荀子相信，以道制欲、以礼养欲，正是士君子的责任与历史使
命。"君子乐得其道，小人乐得其欲。以道制欲，则乐而不乱；以
欲忘道，则惑而不乐。"（《荀子·乐论》）"志意修则骄富贵……内
省而外物轻矣。传曰：'君子役物，小人役于物。'此之谓矣。"（《荀
子·修身》）

无可否认，荀子的这些论述确实予人一种强烈的印象，认为士
君子应该过简朴的生活，甚至是追求贫穷。只要"心平愉"，则"色
不及佣而可以养目，声不及佣而可以养耳，蔬食菜羹而可以养口，
粗布之衣、粗䌷之履而可以养体，局室、芦帘、稿蓐、敝机筵而可
以养形"（《荀子·正名》）。至于士君子以外的一般人，则既然"乐
得其欲"，自可在合理范围内追求财富。

但这一两轨并行的财富观，确实是先秦儒家的真正立场吗？在
回答这个问题以前，我们必须指出，即使这种论调是正确的，也无
法否定前述儒家财富思想得以支持经济发展的面向。它只是限制了

士人阶层对经济活动的投入；至于一般人，既然可以求富，投入经济活动以获取利润就是理所当然的了。

究实而言，两轨并行之说恐怕值得商榷。从社会背景来说，当时的游士阶层，在流品上是参差不齐的。荀子曾描绘他们："污漫者也，贼乱者也，恣睢者也，贪利者也，触抵者也，无礼义而唯权势之嗜者也……利心无足而佯无欲者也。"（《荀子·非十二子》）面对此种景况，先秦儒家有一种非常特别的期许，就是试图以德来转化他们，成为"弘毅"与"尚志"的君子阶层。①

固然，这样的期许有可能导致一种发展，就是压抑了士人阶层追求更多财富的动机或企图心。但这并不是必然结果，更不能说是儒家根本主张君子应该贫穷。相反地，在一个理想的阶层秩序下，基于禄随位、位随德的原则，士君子最应当享有丰厚的社会报酬（叶仁昌，1996：254）。

事实上，先秦儒家所表露的还是在任何情况下"道"都重于"富"的基本心态，反对为了追求财富而牺牲"道"。用荀子的话来说，就是"士君子不为贫穷怠乎道"（《荀子·修身》）。儒家在这里所真正坚持的是无论富足或贫困，道德的修养与实践都有绝对的主体地位。②

这种"主体性"的诉求有一个特点，即它不是在反对或否定某一事物或对象，而只是主张相对于该事物或对象的优越性。同样，儒家也不是在反对或否定财富本身，而只是主张道德在相对上的优

---

① "士不可不弘毅，任重而道远。"（《论语·泰伯》）"王子垫问曰：'士何事？'孟子曰：'尚志。'"（《孟子·尽心上》）

② 必须说明的是，虽然先秦儒家所谓的"道"并不能完全等于"道德"，但细究到底，"道德"还是"道"这一概念最主要和核心的内涵。至少在本书的使用上，并无特别予以区分的必要。

越。它真正的解释应该是在富裕时要好礼，而贫穷时要固陋。[①] 士君子的际遇可能是富贵显达，也可能贫困潦倒。若是显达，要"泰而不骄""无众寡，无小大，无敢慢"[②]（《论语·尧曰》)，并乐善好施[③]；但若是潦倒，则要效法颜回，即使在最恶劣的物质条件下，仍充分体现道德光辉（杜维明，1989：172），万万不可"穷斯滥矣"（《论语·卫灵公》)！

考诸孔子、孟子与荀子的一生，他们都曾付出了漫长岁月，甚至风尘仆仆地通过显达的追求以达成自我实现，何尝像第欧根尼（Diogenes）、伊壁鸠鲁（Epicurus）或是圣·方济各那样去追求野放与贫穷？事实上，自孔子以来的儒家教育理念，就是培养一批士君子以德致位。借用钱穆的概念来说，儒家这样的"上倾性"始终是颇为浓厚的（钱穆，1976：66），绝非一如墨家那样，代表着身份卑贱的贫民或野人，并过着缩衣节食、枯槁不舍的生活。只是政治的境况往往荒谬扭曲，无法实现儒家"贤者在位，能者在职"的期望[④]（《孟子·公孙丑上》）。当然，从一个最理想的情况来期待，孟子和子贡都可以算是成功的例子。孟子享有"稷下先生"的尊贵地位，并经常"后车数十乘，从者数百人，以传食于诸侯"（《孟子·滕文

---

① 孔子曾回答子贡，"贫而无谄，富而无骄"虽可也，但"未若贫而乐，富而好礼者也"（《论语·学而》）。
② "君子泰而不骄，小人骄而泰。"（《论语·子路》）有时则谓之"富而无骄"（《论语·宪问》）。
③ "古之所谓仕士者，厚敦者也，合群者也，乐富贵者也，乐分施者也，远罪过者也，务事理者也，羞独富者也。"（《荀子·非十二子》）"从士以上皆羞利而不与民争业，乐分施而耻积藏。"（《荀子·大略》）
④ "尊贤使能，俊杰在位，则天下之士皆悦，而愿立于其朝矣。"荀子也说过类似的话："论德而定次，量能而授官，皆使其人载其事，而各得其宜。上贤使之为三公，次贤使之为诸侯，下贤使之为大夫。"（《荀子·君道》）

公下》)。子贡则"结驷连骑,束帛之币,以聘享诸侯",并不断地借此财富优势,来宣扬儒学。[①]但是,富贵毕竟是生命中可遇而不可求的偶然,唯一能够掌握的只有自己的内在心性。面对仕海与穷达的浮沉,儒家选择了立根于人格和心志的因应哲学,就是志于道。用孟子精彩的话来说,即"士穷不失义,达不离道……得志,泽加于民;不得志,修身见于世。穷则独善其身,达则兼济天下。"(《孟子·尽心上》)

当然,我们可以更深入探问,在财富与道德之间,为什么儒家采取一种前述的"主体性"诉求,而不是在泛道德主义下全面压制财富的追求呢?显然,第欧根尼、伊壁鸠鲁或是圣·方济各等人都选择了后者,但对于先秦儒家,关键的原因在于贫穷从来没有被当作美德的条件,甚至还是一种障碍。而既然如此,就无须为志于道而排拒财富或主张贫穷了。这个回答似乎有若干套套逻辑(同义反复)的意味,但确是先秦儒家的思考理路。

归结而论,不仅一般人可以求富,即使是士君子也可以求富。作为一个志于道的士君子,贫穷可能是一种经常的际遇,它必须被面对并在心灵层次上超越,但绝对不是将贫穷当作追求的目标,或视为实现生命志节的前提条件。儒家只是强烈地提醒,或贫或富,士君子的使命与自我理解,始终只有一个真正的挑战点,就是"道"而已!

---

① "七十子之徒,赐最为饶益。原宪不厌糟糠,匿于穷巷;子贡结驷连骑,束帛之币,以聘享诸侯;所至,国君无不分庭与之抗礼。夫使孔子之名扬于天下者,子贡先后之也。此所谓得势而益彰者乎!"(《史记·货殖列传》)

三、道德对财富的主体性

进一步地，"道"相对于财富，若要展现其绝对的主体地位，具体的规范又为何呢？除了前述的"泰而不骄"、穷而固陋、"穷不失义、达不离道"之外，先秦儒家还提出了两方面的重点。第一是致富的手段。无论财富还是显达的获取，都必须得之以道。孔子即曾说："不义而富且贵，于我如浮云"；"富与贵，是人之所欲也；不以其道得之，不处也"（《论语·述而》;《论语·里仁》)。孔子在这里表明了手段正当性的重要。孟子也曾经辩护说自己的富泰乃得之以道，若"非其道，则一箪食不可受于人；如其道，则舜受尧之天下，不以为泰"（《孟子·滕文公下》)。事实上，不仅是对于富贵的追求，即使是穷人为谋求基本的餐宿，也必须在合乎道德的前提下取得。

毋庸赘言，先秦儒家的这一诉求是易于理解的。比较特殊而重要的是第二方面的规范，即拥有财富的合理数量。简单来说，即使得之以道的财富，儒家也从道德主义的角度要求限制其数量。所谓："富而可求也，虽执鞭之士，吾亦为之。如不可求，从吾所好。"（《论语·述而》）从表面上来看，这番话与财富的数量无关，反而高度肯定了对财富的追求。但事实上，执鞭之士只拥有如中产一般的财富①，绝非如许多大地主与富商阶层。对儒家来说，两者主要的差

---

① "执鞭之士"指的是马车夫或市场的看门人。从封建体制来看，他们当然从事的是低贱的职业，但从事实上的所得来说，他们的收入可能并不薄，也因为如此，孔子才会以他们为例来说明"富而可求"——只要手段正当，即使职业低贱也无妨。本书描述他们"拥有如中产一般的财富"纯粹是指所得而言，并非指他们所属的社会阶层。但必须提醒的是，对于"执鞭之士"真正所得的多寡，笔者并没有来自经济史研究的直接证据，纯粹是很主观地从孔子文意所做的臆测，未必正确。

别之一是后者具有奢华和堕落的财富能力。

当冉有为季孙氏聚敛财富时，孔子也非常不满，宣称："非吾徒也，小子鸣鼓而攻之，可也。"孔子的强烈反应固然一部分的原因可能是财富聚敛的手段问题，但也更牵涉财富的合理数量。因为"季氏富于周公"，而冉求却仍"附益之"（《论语·先进》）。或许对孔子而言，一个社会的财富总量是有限的，季孙氏过于庞大的资产，不仅造成了穷人严重的生计威胁，更扭曲了社会分配的正义。

有关先秦儒家社会分配的正义观，容后再述。在此要先行指出的是，儒家对于财富合理数量的要求出于一个基本心态，即认定所谓的"大富"，就是拥有许多民生必需品以外的"无用之物"，而它们总是导致奢华、人格与心性堕落的源头。[1] 难怪"盘庚萃居；舜藏黄金"，为的就是抑制欲望高涨。（《盐铁论·卷一·本议》）

这种对"大富"的排拒心理也导致了儒家选择抑商[2]。当然，儒家的抑商是出于多方面的考虑。譬如，农业有实质的生产，为基本民生命脉，而商业相对只是坐享其成的交易而已。此外，农民因依附土地而易于管理，并对国家高度忠诚，而商人则无祖国，他们经常流动、难以管理。再者，商人的性格多狡诈且以功利为取向，而农民则纯朴善良。但不可忽略的是，对于经商所创造的巨大财富，儒家始终顾虑会间接促成一个骄暴的社会。届时，人心在功利主义和物欲横流的情况下，将难以避免沦入腐化骄恣。

---

[1]　西汉的董仲舒曾经说道："大富则骄，大贫则忧。忧则为盗，骄则为暴。此众人之情也。"（《春秋繁露·度制》）这样的思想可以视为源自先秦儒家的对财富态度的张本。

[2]　必须说明的是儒家并非排斥一切的商业形式。"通郁滞"还是可以被接受的，就是调节多余的生产。但如果要交易民生必需品以外的"无用之物"，或是以经营及操作市场，并努力扩张市场为专业的商业形式，儒家则予以反对。

儒家这样的道德顾虑，相较于前述对于追求财富的肯定以及视贫穷为美德的障碍，我们可以发现，存在着一种心理上的挣扎矛盾。他们一方面希望人民能够富足，至少乐岁终身饱；但另一方面，又顾虑过度的满足会带来道德腐败。在光谱的一个极端是饥寒起盗心；另一个极端则是饱食思淫欲。脱离贫穷会有提升道德的效果，但它的边际效用却往往递减。因此，儒家宁可取其中道、选择小康论，既不至于因饥饿而寡廉鲜耻，也不至于因富足而腐化骄恣。

循此而论，从先秦以迄两汉，儒家显然欠缺利润无限——近代资本主义的一个重大要素——的观念。[①] 回顾那些基于东亚经济成就而声称儒家伦理可以支持近代资本主义的论调，他们热情地讨论儒家的勤劳节俭、重视教育、纪律顺从、家族传统以及集体主义等，却在最基础的本质上，忽略儒家根本反对财富的享用化、不断累积，以及利润的极度扩张。

衡诸西方近代资本主义的发展，亚当·斯密说得好：许多富有的商人"依照天生自私且贪婪的个性"所追求的，只是"他们的虚荣与无法满足的欲望"；"我们期待的晚餐并非出于肉贩、酿酒人或面包师傅的善心，而是出于他们对自身利益的关心。我们不是跟他们的仁慈，而是跟他们的自私打交道"。但亚当·斯密相信，即使如

---

① 根据杨庆堃（C. K. Yang）的归纳，韦伯所谓的近代资本主义精神有两个基本特点。其一，"追求金钱的活动本身就是目的，并非达到其他目的的手段"；其二，"利润的赚取是永无止尽的，既不受生活水平之需求的限制，也不受限于传统的满足感受"（韦伯，1989a：29）。固然，利润无限的观念并不足以解释近代资本主义的动机全貌。诚如阿马蒂亚·森（Amartya Sen）所说的："资本主义建立在比纯粹利润极大化动机还要复杂的动机结构上。"（阿马蒂亚·森，2001：310）但问题是，利润极大化这一观念之被普遍接受，却是从传统经济迈向近代资本主义过程中最不可或缺的突破。它虽然不是近代资本主义发展的充分条件，却是必要条件。

此，自私和贪婪仍受到"一只不可见的手"所引导来"增进全社会的利益"（阿马蒂亚·森，2001：302）。

儒家的困难或许就在这里。虽然他们肯定欲望满足的必要性，甚至也肯定财富的追求为欲望满足的其中一个必要手段，但是对于自私、自利和贪婪，儒家却未能给予完整的支持。事实上，对于欲望满足的必要性以及基本财富的肯定，儒家也从未将之归类为一种自私自利的行为，它们只是被当作维持生存尊严的基本需求。

我们并不是说"利"这个概念已经完全被儒家排斥。当然，孟子会是一个例外，他极端地厌恶言利。他不仅挑战当时功利主义挂帅的统治阶层，宣称："何必曰利？何不曰仁义？"（《孟子·梁惠王上》）他甚至还反对宋牼诉诸利弊得失的分析来反战及劝和；也就是说，即使是不带有自私自利之意蕴的"实用主义"，也被孟子排斥了。但对于孔子而言，利未必就是恶。他还是肯定人民在先王的恩泽下可以"乐其乐而利其利"（《大学·第三章》）。只是，这显然并非个人自利心的追求结果，而是受惠于统治者的照顾！

李玉彬说儒家"重视民生公利而轻视个人私利的追求"（李玉彬，1982：138），这句话大致是可以接受的。当然，必须区别的是，这里所谓的"民生公利"并非前文所言那种"富筐箧、实府库"的"富国"，而"轻视个人私利"也未与"养民"或"富民"矛盾。养民或富民固然带来了人民的利益，但它们更多有赖于统治者的照顾，也只是为了维持人民的生存基本尊严，儒家从未将此归类为一种自利心。综而言之，对于经济发展与财富，儒家缺乏西方古典自由主义中对自利心的肯定，更无法接受个人自利心的无限扩张可以增进全社会的利益这一点。

韦伯在讨论支配的类型时曾说道，传统型支配对市场经济发展的诱因不大，因为它的经济往往只是达成政治与社会稳定的一个必要条件。经济目标通常只是维持自给自足。近代资本主义那种利润无限扩大的观念不仅不必要，而且还经常被当作一种道德上的罪恶。当然最主要的原因是它在某种程度上威胁了支配者所代表的社会与政治的体制秩序。（韦伯，1996：52—53）

　　而这是否就是先秦儒家所期望或企图的呢？从动机来说，其财富思想当然不是出于巩固政治权力和既得利益的考虑，但雷同的是，先秦儒家也只是将经济目标定位在自给自足，并拒斥利润无限大的观念。然而，先秦儒家的着眼点，却更多地将之视为达成道德的一个必要条件，而非达成政治与社会稳定的必要条件。这是与韦伯的不同之处。

　　侯家驹是少数探讨儒家经济思想的学者，但他却声称，先秦儒家在庶、富、教三部曲中，实以富为枢纽；它更是可以促进当前经济发展，或支持近代资本主义的自由经济理念（侯家驹，1985：262，266—271，389，400—406）。然而，在我们看来，先秦儒家只是在秩序崩解与民生凋敝的现实景况下，从基本欲望满足的必要性角度，呼吁统治阶层要养民与富民，而这与商业经济下的富裕追求是截然不同的，绝不可混为一谈。让人民在统治者的照顾下脱离贫穷是一回事，而个人基于自利心追求大富大贵则是另一回事。

　　虽然先秦儒家对财富的基本肯定可以视为支持经济发展的种子，甚至视为有利于近代资本主义的因素，但这一种子和因素却在道德主义的压缩下，并不被允许长成枝叶茂盛的巍峨大树。儒家所期望的，只是以不虞匮乏为目标的中庸式经济发展。

　　更重要的，即使只是有限财富的小康论，也强烈地将之定位在手段层次。也就是说，它只是帮助人们迈向道德目标的一种前提条件与状态。虽然一般人可以求富，士君子也可以求富，但同时也始终坚持道德相对于财富的优先地位与主体性。准确来说，先秦儒家根本没有独立的经济发展理论，经济发展只是隶属于道德理论的一个子题。而这一子题的意义，在于为道德主题的实践提供所需要的前提条件与状态。我们甚至可以说，正是道德目标的实践赋予了经济发展真正的意义。

综上所述，"道"相对于财富，除了"泰而不骄"、穷而固陋、"穷不失义、达不离道"之外，还可以在两方面展现其绝对的主体地位。其一，在致富的手段上必须得之以道；其二，大富是一种在道德上导致腐化骄恣的危险。因此，个人可拥有的财富的数量必须有其限度。

四、中庸式的财富阶层说

那么，再深入一步，先秦儒家关于财富的合理范围的具体尺度又是怎样的呢？他们一方面反对贫穷，另一方面又拒斥大富，而这是一种怎样的中庸式财富思想呢？

这其实不是一个简单的问题。它绝对不是俗话所说的"够用就好"或是"不多不少"。许多人还想当然地认为，儒家在这一方面的真意，就是维持基本生活所需的财富数量。至于基本必需品以外者，则被当作无用之物，必须予以排斥抑制。

深究之下，这一解说并不算错，但恐怕过于简单化了。儒家绝对不是只追求贫穷与大富之间的中间点，或只是以民生必需品来衡量。关键的原因在于，每个人的生活条件和需要有差异。譬如，作为一位教授，其生活必需品就显然与工人和农民截然不同。他可能需要购买大量的书、宽敞的书桌，并借由旅行和艺术等文化消费来培养视野与见识。而这些文化消费对工人或农民来说，却可能属于无用之物。此外，由于社会的变迁，生活必需品的界定也日新月异。譬如汽车，在过去是有钱人的享受，现在则可能是代步的必备工具。因此，一种绝对值式的财富中间点，既不存在，也没有意义。

先秦儒家对此似乎颇有了悟。故而，他们超越了量化的尺度，将财富的合理范围睿智地界定在社会阶层的等级。也就是说，个人可拥有的财富应该要与自己所属的阶层地位相称，而非只是考虑能否维持基本生活所需。譬如，若只是一个庶民或农民，或许只要有锅碗瓢盆、农具、瓦屋和温暖的衣服也就够了，但士君子则还要有能力支应必要的礼仪和文化开销。固然对于平民而言，它们都不是生活必需品，但对于士君子，为体现其在阶层秩序中的身份，它们却是不可或缺的。

在财富思想上，儒家和墨家相同的是，对于当时王公贵族与富商地主的"炫耀性消费"都予以拒斥，但对于"文化性消费"，儒家却是唯独予以高度的肯定和坚持。当然，在这一方面的花用，还是有其消费限度的，更有具体的依循标准——特别是对孔子而言，周礼旧制就是一个很重要的参考依据。过度或不及，都是社会功能与个人价值上的缺憾。

先秦儒家在这一点上可以说深受封建旧制影响。原本，封建制度就已经将整个社会的人口予以阶层化了。① 划分依据包括国人与野人，君子与小人，公、侯、伯、子、男，君、卿、大夫、士、庶人，

---

① 封建制度的真正意义，经常被误解为只是封土而已，其实封人的特质是更具意义的（许倬云，1993，147—151）。

以及皂、舆、隶、仆、台、圉、牧等。并且，至少在战国以前的封建时代，举凡雕镂、文章、黼黻、宫室、车旗、服饰、器用以及饮食等，都必须与所属的阶层地位相称，呈现出属于差序格局的封建纪律。对此，一方面孔子赞赏其中的高度稳定与整合功能，因为，强制性的武力手段已不再必要，更通过角色与规范的确定，大幅减少了社会矛盾与冲突；另一方面，如此阶层化的价值分配，正是一种广义的社会报酬。孔子发现，只要将"德"和"能"设计为获取高社会位置所需的绝对条件，那么，它就可以用来作为人人向往做君子而弃小人的社会诱因。

简单来说，就是要让有贤德又有能力的君子居社会高位，而居高位者又享有令人称羡的社会报酬。前一部分即是荀子所谓的"尚贤使能"[①]，"论德而定次，量能而授官"（《荀子·君道》）。孟子也同样说道："贤者在位，能者在职"；"尊贤使能，俊杰在位"（《孟子·公孙丑上》）。至于后一部分，则譬如是君主，"不美不饰之不足以一民也；不富不厚之不足以管下也"，"故必将撞大钟，击鸣鼓，吹笙竽，弹琴瑟，以塞其耳；必将雕琢刻镂，黼黻文章，以塞其目；必将刍豢稻粱，五味芬芳，以塞其口"（《荀子·富国》）。

荀子这番话所着眼的就是"明贵贱"，希冀以社会报酬的差异性来鼓舞社会成员往上爬升。所谓"士大夫益爵，官人益秩，庶人益禄；是以为善者劝，为不善者沮"（《荀子·强国》），其中的意涵即在于此。从社会阶层理论来说，先秦儒家这样的立论是言之成理的。社会成员对于高社会位置的追求，及其所需条件的肯定与偏好，通

---

① "上好礼义，尚贤使能，无贪利之心。则下亦将綦辞让，致忠信而谨于臣子矣。"（《荀子·君道》）有时则用"论德使能"一词，"人主者，以官人为能者也。……论德使能而官施者，圣王之道也，儒之所谨守也"（《荀子·王霸》）。

常会随着价值不平等分配的严格明确与差异性而增强。也就是说：

> 在一般不太离谱的情况下，社会报酬的分配，若是愈严格
> 明确与不平等，则人们追求高社会位置的企图心就愈旺盛，情
> 况也愈普遍；而对于获致高社会位置所需要的条件，也愈趋之
> 若鹜地，成为许多人生涯中的优先选择。相反地，若是社会所
> 呈现的价值秩序，无法清楚分明，或是社会报酬紊乱，则人们
> 即使是对奋斗爬升的目标，都会感到彷徨茫然，更遑论旺盛的
> 企图心与社会进步的动力了。（叶仁昌，1996：106）

儒家就是应用了这样的原理，将财富的合理范围界定在社会阶层的等级划分。或者我们可以说，儒家将富贵或贫贱的问题当作社会报酬体系的一部分来理解。它根本反映了儒家关于理想社会的模型，绝非仅仅是对财富的一种见解而已！其中所反映的是，财富作为一种社会报酬，其意义已经不只是满足个人或家庭的需用了，它更是一个社会工具，可以用来作为人人向往做君子而弃小人的社会诱因。儒家一方面要求社会报酬要按照社会位置等级予以相称地分配；另一方面，社会等级又必须按照道德成就的等级予以相称地分配。归纳而言，即是荀子所说的"德必称位，位必称禄"（《荀子·富国》）。

值得一提的是，只要这样一个社会模型能够实现，真正德能兼备的君子恐怕是欲穷而不能了。孔子所谓的"邦有道，贫且贱焉耻也；邦无道，富且贵焉耻也"（《论语·泰伯》），其中就流露了这一意涵。因为，在政治清明的国家里，既然是以德能的成就来获取阶层地位，而社会报酬又根据阶层地位来享有，那么，贫且贱当然是

一种在德能成就上的耻辱了。相反地，在政治污浊的时候，由于并未能实现禄随位、位随德，让三者保持密切一致性与相称的阶层化原则，富与贵反而证明了自己的悖道与不义。

事实上，在孟子所强烈向往的井田制度中，也同样暗示了应按照社会阶层来享有相称的社会待遇（compensation）。按照孟子的理想，农民当自求温饱，而志于道的卿士大夫，则理应在衣食上受到劳力者更高质量的服务。也就是说，劳心者的文明创造理应建立在劳力者的生产供给上。这一方面是基于劳心者的稀少性，另一方面则是其所从事的文明与道德创造，对于整体社会而言是高度重要的。至于劳力者，虽然承担了粗重的工作以及琐杂事务，但他们却是道德文明的受惠者。孟子因此说道："天下有道，小德役大德，小贤役大贤。"（《孟子·离娄上》）这不只意味着在一个理想的社会中，劳力者应该伺候和服务劳心者，也更标示出了一个按照贤德而区分阶层，再按照阶层来分配待遇的社会原则。

当然，我们可以从社会主义、平等或均富等的角度来批评这一阶层化模型。事实上，当时的许行和墨子就一再地跟儒家唱反调。他们主张的是"均"与"同"，而儒家提出来的却是"贵贱有等、长幼有差、贫富轻重皆有称者也"的"别"，并视之为养天下之本（《荀子·富国》）。循此，笔者要郑重地指出，对于财富的分配，先秦儒家坚决地反对齐头式的均富，更与平等主义背道而驰。他们强调的是，每个人因其不同的德能、社会角色与贡献，来获取差别的社会报酬，并享有不同贵贱轻重的生活方式。这不仅考虑到劳心者的稀少性以及其角色的重要性，他们更有一个企图心，就是经由报酬分明之阶层秩序的呈现，来鼓舞社会成员向往成为贤德的君子，或者是激发整个社会尚贤使能的风气。

有人会反驳说，孔子所谓的"不患寡而患不均"（《论语·季氏》），不正是明显的均富思想吗？萧公权也认为："裕足之标准，自孔子观之似不在生产之绝对数量，而在分配之相对平均。"（萧公权，1977：61）然而，按照朱熹的注解，其中的"寡"指的是"民少"，并非财货或所得的稀少；"均"也不是指财货或所得的平等，而是公卿大夫在统治上要各安其分，政理均平①，将之当作先秦儒家主张均富的理据，恐怕是有所误解了。即使是所谓的"均无贫"（《论语·季氏》）之语，其重点也是体恤当时为数庞大的穷人，反对贫富差距过于悬殊。但这并不等同于追求均富的平等主义。对先秦儒家来说，财富分配的重大原则，始终是"别"而非"均"，只不过"别"又不能走到差距过于悬殊的地步，尤其要让社会底层有基本的温饱。

无可否认的是，先秦儒家积极地为穷人请命并控诉贫富悬殊。不只孟子控诉"庖有肥肉，厩有肥马，民有饥色，野有饿莩"；"凶年饥岁，君之民，老弱转乎沟壑……而君之仓廪实，府库充"；"狗彘食人食而不知检，涂有饿莩而不知发"（《孟子·梁惠王上》）。②荀子也同样呼吁："家五亩宅，百亩田，务其业而勿夺其时。"（《荀子·大略》）然而，这并不能据以直接声称儒家主张平等和均富。他们只是在战乱的恶劣情况下，雅不欲见百姓在生计与基本尊严上严重匮乏。特别是对孟子而言，这其实是有无"不忍人之心"的人道考验。

---

① 朱熹的原文是："寡谓民少，贫谓财乏，均谓各得其分，安谓上下相安。……季氏据国而鲁君无民，则不均矣。"侯家驹对此讨论甚详，坚称此处的"均"指的是政教均平（侯家驹，1985：43—44）。
② 有关战国时期贫富悬殊的严重情形，墨子也有激烈的批评（《墨子·辞过》；《墨子·节用上》）。

先秦儒家在这一方面的真义，其实，只是对阶层理念下的差别待遇有所补偿及调和。因为，若是将财富的合理范围界定在社会阶层的等级划分，其可能的弊病有两方面：其一是社会底层的待遇可能非常差，丧失基本尊严，甚或无以维生；其二则是阶层之间的待遇差距过于悬殊，以致形成阶层敌意，或叛乱与革命。如此一来，社会必然会问题丛生，更反而阻碍了整体性的进步。故而，儒家在主张一种以社会阶层为依据的差别待遇时，也提出了对此差别待遇的补偿及调和，即一方面要求必须提供社会底层基本的温饱，另一方面则反对阶层化以后的差别待遇过于悬殊。它们都绝不能被当作什么主张平等和均富的思想。

前者是出于对社会底层的人道主义诉求，也发展出了儒家的养民和富民思想。用徐复观的话来说，礼义之分虽是一种差别待遇，但"还有一个共同的基数以作一般人民生活的保障"（徐复观，1982：458），也就是对平民百姓在生计与基本尊严上的照顾。而后者呢？则是出于避免阶层冲突的社会和谐立场。用荀子的话来说，阶层之间的差别待遇，其目的绝不是求"淫泰夸丽"，而是"将以明仁之文，通仁之顺也"。[①]

> 故为之雕琢、刻镂、黼黻文章，使足以辨贵贱而已，不求其观；为之钟鼓、管磬、琴瑟、竽笙，使足以辨吉凶、合欢、定和而已，不求其余；为之宫室、台榭，使足以避燥湿、养德、辨轻重而已，不求其外。（《荀子·富国》）

[①]　后来董仲舒有类似的表达，可以更明白荀子的意思。"使富者足以示贵而不至于骄，贫者足以养生而不至于忧。以此为度而调均之，是以财不匮而上下相安，故易治也。"（《春秋繁露·度制》），

小结：儒家欠缺无限利润心

综上所论，显见儒家的财富思想是颇为丰富、精致，并具有革命性的。首先，无论是对于百姓大众还是士君子，他们都没有西方那种鄙视财富，或以贫穷为美德条件的主张，甚至，对于百姓大众而言，贫穷还是美德的障碍。据此，儒家不仅肯定了欲望满足的必要性，也同时肯定了追求财富是欲望满足的其中一种必要手段。更重要的是，这一对财富的追求纯粹建立在个人所得，而不是国家整体经济的发达，或政府与国库的富裕上。

但进一步，这样一个可以支持经济发展甚或近代资本主义的种子，却在道德主义的压缩下，并不被允许长成枝叶茂盛的巍峨大树。因为，儒家强烈要求展现出道德相对于财富的主体地位。除了穷不失义、达不离道外，也在致富的手段上要求得之以道，更认定大富是一种在道德上导致腐化骄恣的危险。因此，个人可拥有的财富数量必须有其限度。

至此，我们发现，儒家所期望的是以不虞匮乏为目标的小康。相对于道德的高尚，财富只是一种工具性的有限需要。人们不会被鼓励去致富，或是将钱财当作热衷追求的目标。儒家并没有独立的经济发展理念，经济发展只是隶属于道德理论的一个子题，为的是提供更有利于实践道德所需要的前提条件与状态。甚至可以说，正是道德目标的实践赋予了经济发展真正的意义。

那么，对于财富的合理范围，其具体的衡量标准又是什么？如何才算是中庸呢？儒家参酌了封建旧制下的阶层模型，超越了量化的尺度以及简单的基本需求论，睿智地将财富的合理范围界定在社会阶层的等级划分。其中所反映的是，财富作为一种社会报酬，其意义并不只是满足个人或家庭的需用而已，它更是一种社会工具，可以用来作为人人向往做君子而弃小人的社会诱因。故而，儒家由此建构了禄随位、位随德，让三者保持密切一致性与相称的理想社会模型。更可贵的是，在此一差别待遇的阶层化体系中，仍然表现了其对社会底层的人道主义关怀，也为了避免阶层冲突而主张差别待遇的和缓与中庸性。

整体而言，儒家的财富思想与其道德关怀之间，显然是环环相扣的，丝毫不被允许脱钩。不只致富的手段、财富的合理数量，而且富贵后的人格特质，都受到道德主义的支配与规范；即使超越个人需用的层次而将财富当成一种社会工具，也是为了去实现一个天下归仁的道德社会。

这样的财富思想，对于经济发展有什么样的影响呢？又如何解释华人的经济行为，乃至于整体的经济形态呢？这得进一步探讨，笔者在此并不拟继续深究。

但至少此处已经从财富思想的角度，某种程度上印证了韦伯的一个重大断言，即儒家欠缺近代资本主义所必需的无限利润心。儒家在人道关怀、财富与道德主义的张力中，选择了中庸式的财富阶层论。他们排拒大富，更要求个人的财富不可以超过依"德能"来分配的社会阶层。儒家从未松懈地将财富看守在道德主义之下，不可能像清教徒那样，将赚钱视为伦理上的责任或召唤。

本章的分析与韦伯不同之处，在于对儒家欠缺无限利润心的论证途径。韦伯主要是诉诸儒家与清教徒在"制欲精神"上的差异比较，却模糊了财富思想这样一个最直接的证据。当然，韦伯并非完全无视于此。他一方面看到了儒家的道德主义，及其相对于财富的优越和主体性；另一方面，他也察觉到儒教徒在事实上的心态，财富被看作足以提升道德的最重要手段。只是整体而言，韦伯在这一方面的论述是零散而片段的；既暧昧，又矛盾，更有许多盲点。尤其对于财富的合理范围，也就是儒家基于道德主义对大富所存在的顾虑，以及中庸式的财富阶层说，韦伯都未置一词。或许，正是这样的疏漏，导致韦伯未能发现，只要从儒家的财富思想入手，就可以得出儒家缺乏无限利润心的结论。无论如何，如今这样一个遗憾，似乎已经由这一章的研究成果得到某种程度的填补了。

第三章

支配类型的对话：
道德型正当性

楔子

谈过了经济伦理和财富思想后，让我们暂别韦伯对于儒家不利于近代资本主义的断言，转移到统治领域来，检视儒家可以怎样与韦伯进行对话。

众所周知，韦伯曾很经典地提出"正当性"（legitimacy）概念，并区分了法制型（legal-rational）、传统型（traditional）和克里斯玛型（charismatic）三种支配（domination）类型。试问，儒家作为统治原理的一面，是否具有类似于韦伯的正当性观念呢？而其在本质上所蕴含的支配理论又为何？

这一提问绝非突兀而硬生生地将韦伯的框架套用在中国和儒家上。事实上，这是韦伯自己深感兴趣、多次提及，却未能清楚回答的问题。或许，笔者可以接续韦伯的提问，完成其未竟之业的若干部分。

这一方面可以使我们对于儒家的统治理论有新的掌握与定位，并发现儒学与韦伯对于统治的共同智慧与差异见解；另一方面，则是对"韦伯学"中关于支配类型的实际参照、应用与批判。或许得以因此而呈现出若干对韦伯架构的修正和突破。事实上，笔者在本章中对第四种支配类型——道德型正当性——的试拟，正是这样的成果。

这就是接下来要探讨的"儒家与韦伯"的第三个对话：支配类型的对话。

前言：以韦伯的架构为参照

韦伯曾清楚区分"权力"（power）与"权威"（authority）的不同。前者是行动者在一个社会关系中，可以排除抗拒以贯彻其意志的可能性（chance）。至于后者，又可称为"支配"，则是指一项特别内容的命令会得到特定人群服从的可能性（韦伯，1993：91；1996：1）。韦伯更进一步提出了三种支配的"纯粹类型"（pure types），即以理性为基础的"法制型"、以传统为基础的"传统型"，以及委身于某种神圣和超凡特质的"克里斯玛"型。（韦伯，1996：7）

让笔者和不少人好奇的是，传统中国的儒学作为统治原理的一面，其所蕴含的支配理论究竟倾向于哪一种类型呢？这样一个提问似乎很有意义，也颇具挑战性。

衡诸目前有关学界，对于这一课题的研究仍颇为不足。除江宜桦与本文有类似概念外（江宜桦，2008：215），若干零星的讨论，则经常将儒家定位成理性化的统治，或是以天命为基础的克里斯玛型支配（石元康，1999：9，17—20），或视之为克里斯玛型支配的变型——"公民直选型领袖"（郭立民，1990：5）。

韦伯在有关中国的大量论述中，对于这一问题也是暧昧难明，甚或有若干误解。他一方面声称，对儒教而言，"最终的裁判"在于"通过经典的研读所得到的古典规范与传统的知识"（韦伯，1989a：

234），但另一方面，他却又说，中国早就存在着"家产官僚体制"（patrimonial bureaucracy）了，它当然不是传统型支配，并且是"与封建体制及任何以血缘世袭为基础的身份结构相对立的"（韦伯，1989a：207，211）。

那是理性化的法制型支配吗？韦伯却指出，若从"儒教对于经济的态度"与"对于专家的排斥"（韦伯，1989a：224—226），以及对于刑罚的消极倾向来说，都显得与法制型支配格格不入。只是，相对于巫术与宗教，儒家有着高度的理性精神以及强烈的现世伦理，它"没有以超俗世之神的名而揭示伦理'要求'的先知"，"中国人的'灵魂'没有受过先知革命的洗礼，也没有私下个别的'祈祷者'"（韦伯，1989a：207）。并且，"其理性主义的高涨程度，可说是处于我们可能称之为一种'宗教'伦理的极端边缘位置"（韦伯，1989b：88）。

不过矛盾的是，天子的权威却又有如克里斯玛般的神圣，"中国也有'弥赛亚式'的渴望出现一位'此世的救世主皇帝'"（韦伯，1989a：210）。"皇权本身即是个至高且经宗教性圣化的结构……它在民间所崇奉的众神之上。皇帝个人的地位……完全是基于他作为上天（其列祖列宗所居的上天）的委任者（'天子'）所具有的克里斯玛。"（韦伯，1989a：208）

这些混乱的论述让我们陷入不小的困惑，绝对有厘清的必要。而厘清之后，应该有两重的学术价值：一方面可使我们对于儒家的统治理论有新的掌握与定位，并发现儒学与韦伯对于统治的共同智慧与差异见解；另一方面，也是对"韦伯学"中关于支配类型的实际参照、应用与批判。或许，我们得以因此而呈现出若干对韦伯架构的修正和突破。

　　但这无异于就是以韦伯有关支配的类型架构为参照工具来探讨儒家的统治理论了。从学术上的严谨而言，它似乎存在着若干争议，包括一个陷阱以及两个可能的质疑。它们必须先一一被妥善地处理和回答，而后研究才能铺陈下去。

　　先从陷阱来看。就如我们在第一章中所谈过的，按照韦伯的用法，"纯粹类型"乃是根据研究者的理论旨趣（theoretical interest），将经验材料加以抽象后建构起来的一种"典型"。它不同于具"经验—统计"性质的"平均类型"。后者只是处理那些性质相同，却程度有所差异的行为；前者则充分掌握了行为的异质性。韦伯相信，社会行为受到高度异质的动机所影响，很难通过"平均"的概念来掌握。相反，建构出某种"典型"，借以对照出与真实的"距离"，可以"使我们更容易获得关于行动者真实动机的知识"。虽然它"愈是尖锐而明确地被建构出来，意味着它愈远离真实的世界，但在这层意义下反而愈能够善尽其责"（韦伯，1993：43—45）。

　　这就是"纯粹类型"的设计策略，我们在了解后就易于明白其中的陷阱了。"纯粹类型"是从经验世界中抽象出某些成分，但它并不是对经验实体的确切描述（Parsons，1949：603—604）。正确来说，在真实的经验世界中，几乎所有的支配都是混杂的，同时包含着不同支配类型的若干内涵；也极有可能在同一个群体或个人身上，针对不同的服从对象或领域，分别存在着三种支配类型。故而，若我们企图将儒学的统治理论对应于韦伯有关支配的某一"纯粹类型"，这在学术上将是鲁莽而危险的。

　　不过，虽然在真实的经验世界中许多支配都是混杂而多样的，但它们在成分上仍具有着轻重不同的交融比例，并呈现出某些基本特色。因此，我们固然不适宜将儒学的统治理论完全对应于某一

"纯粹类型",却仍必须指出彼此的异同之处、混杂及偏重的情形,以及整体所呈现出的若干固定特色。甚至,进而从中抽象出另一种更适合的"纯粹类型"来解释儒学的统治思想。绝不能仅仅是因为无法对应而取消这一对儒家支配理论予以厘清、比较和定位的学术挑战。

其次,除了陷阱之外,两个可能的质疑又是什么呢?第一,韦伯所提出的三种正当性类型,乃是从极大量的史料中归纳抽离出来的,是属于社会学范畴的经验性研究。而儒家的统治理论,却属于政治思想范畴的规范性主张。试问,在"实然"与"应然"之间,正当性概念可以混为一谈吗?或者说,我们可以参照韦伯有关正当性的经验性架构,来探问儒家作为一种规范性主张,其支配理论属于哪一种正当性类型吗?

这样一个"模拟谬误"的质疑其实是多余的。"实然"与"应然"只是层次不同,未必存在着矛盾。研究者可以分析正当性支配怎样在"经验面"上发生,也可以在对正当性支配的同一定义下,探讨它怎样在"规范面"上被主张。这是两个可以并行不悖的层次及探索途径。重要的是,并不因此而呈现出两种对正当性概念的不同界定;而只要属于同一个意义脉络,为什么不能交互应用与参照?

更何况,思想家在提出规范性主张时,不仅可能已经反映了若干经验面的事实,还总是主观地假设或期待能在经验面上实现,有时甚至就直接冒充经验命题。而反过来,经验性的事实和发展,也往往是若干规范性主张的实践结果。以此而言,经验性与规范性的区分在概念上虽是必要的,但只要属于同一个意义脉络,对于两者之间的交互应用与参照,我们似可不必过于拘泥。

　　事实上，韦伯的做法就是如此。他一方面从经验层次指出，中国的"皇权本身即是个至高且经宗教性圣化的结构"，具有"克里斯玛"性质；另一方面，又从规范性质的儒家强调，相对于巫术与宗教，其有着高度的理性精神以及强烈的现世伦理，而显然这又与"克里斯玛"有所不同。韦伯一方面从历史经验面说道，中国早就存在着"家产官僚体制"，它当然不是传统型支配；另一方面又从规范性的主张指出，若从"儒教对于经济的态度"与"对于专家的排斥"，以及对于刑罚的消极倾向来说，则又显得与法制型支配格格不入。显然，对于韦伯而言，在正当性概念的使用上，并不因为儒家作为一种规范性主张而构成困扰。①

　　进一步地，对于以韦伯有关支配的类型架构为参照工具，第二个可能的质疑是"时空错置"。毕竟，儒家并没有用过正当性一词，而所处的时空情境和面对的挑战也迥异于西方。因此，本书的提问和探讨途径，很可能被指责为以既有的西方框架来套用在中国的文化上。甚至，韦伯有关正当性的类型架构，已经成为儒家思想的过滤器；而筛选的结果，最后恐将沦为某种形式的西方中心论。既曲解了儒家的原旨，也误用了韦伯理论的情境。

---

① 笔者必须承认，韦伯不无可能是将儒家学说一般化和综合化以后，从对中国人的心灵（主要是士大夫的心灵）确有影响的判准下来加以立论。因而，韦伯对儒家的论述仍是属于经验性而非规范性的。但这恐怕只能是一种较薄弱的单面向理解。韦伯自己说过其引用中国资料的来源（韦伯，1989a：321—323），包括了 J. Legge 翻译及编辑的《论语》《大学》《中庸》；孟子的著作则来自 Max Muller 的《东方圣典》（Sacred Books of the East）以及 E. Faber 的《孟子心思》（The Mind of Mencius）。考究韦伯的原典，有不少用字遣词应该还是直接指儒家的经典和思想。他对于儒学的研究到底是落在经验层次抑或规范层次，恐怕是兼而有之。事实上，刻意做出这种区别的意义不大。因为，反映在"士大夫心灵"上的儒家经验面，绝对是与书写在儒家经典中的思想面纠结难分的。只要属于同一个意义脉络，对于两者之间的交互应用和参照，我们似可不必过于拘泥。

　　在回答这一质疑之前，我们必须再次明确指出，中国和儒家倾向于何种支配类型这一问题，是韦伯自己深感兴趣、多次提及，却未能清楚回答的。这一章的撰写乃是接续韦伯的提问，企图完成其未竟之业的若干部分，并非笔者个人突兀而硬生生地将韦伯的框架套用在中国和儒家上。当然，即使如此，论者仍可以批评是韦伯自己也犯了时空错置的谬误，或者说，他恐怕也可以被归类为某个傲慢的西方中心论者，强将古老的中国与儒家套在他自己的西方框架里。

　　只是这样的批评恐怕站不住脚。一方面因为韦伯的取材本来就不拘泥于西方，而扩及世界许多不同文明的历史。但更重要的是，这一时空错置的质疑有其盲点。因为，任何事物的存在原本就都有其时空定位和情境关联，如果说不同的时空情境就不可以进行比较和参照，那将严重扼杀学术研究的创意。不只中西之间，即令孔孟之间，或先秦儒家与汉宋儒家之间，难道不也都存在着时空情境的多方面差异吗？学术研究的使命之一本来就是跨越不同的时空情境，搭建起可以沟通及转译的桥梁。中西文化固然有其不同的发展背景、价值内涵与符号形式，却非完全背离、无可沟通和转译。它们仍有许多共同之处，并可以在互相参照下透显出新颖的视角，以及有价值的不同意义。

　　儒家固然未曾使用过正当性一词，也有其不同的孕育背景和议题脉络，但从思想文化所具有的共同性来说，类似的观念以及可彼此会通的原理绝对是存在的。时空错置的质疑，毋宁是一种沟通及转译的挑战，而非阻绝比较和参照的根本障碍。研究者要避免的只是在未能掌握不同意义脉络的情况下生硬而僵化地套用。

　　另一方面，本章在探讨途径上虽以韦伯有关正当性的类型为框

架，却从未先入为主地预设对这一框架的肯定或否定；反而是顺着
寻索的过程，逐步而渐次地让儒家的材料自己说话，去肯定或是否
定韦伯之论。换言之，笔者对于韦伯正当性的类型架构，始终是依
据儒家的思想而不断予以检验和批判的，并未存在着所谓的西方中
心论。事实上，本章正是因此而发展出对韦伯有关正当性类型架构
的质疑，并提出另一种正当性类型。

从学术研究的方法来看，任何一个新视角的提出，既可以带来
不同的洞见，也会导致某种盲点。这是无可两全的本质问题。韦伯
有关正当性的类型架构，在本章中的情形亦是如此。它提供了我们
理解儒家统治理论的新视角，确实可以带来若干不同的洞见。但它
当然不是对儒家统治理论的唯一理解，更也因其参考架构，而导致
对儒家统治理论的认识有所局限。这同样是研究视角上无可避免的
本质两难，必须说明在先。

谈过了上述的陷阱和两个可能的质疑后，我们可以进入正文
的探讨了。在以下的篇幅中，讨论范围将与前一章同样主要局限
于先秦。但即使如此，仍已经是整个儒家支配理论的基调了。笔
者将首先探问，儒家是否对于统治也已经从"权力"的追逐进展
到了"支配"或"权威"的建立？又是否有类似于韦伯的正当性
观念？如果答案是肯定的，那它在类型上的主要成分以及混杂的
情形为何？是法制型、传统型、克里斯玛型，抑或是其他类型的
正当性呢？对此，本章将逐一加以探讨，并从中抽象、试拟出另
一种"纯粹类型"——道德型正当性，更有解释力地来说明儒家
的支配理论。

一、儒家有正当性观念吗？

我们曾在前面说过，韦伯将"权威"界定为一项特别内容的命令会得到特定人群服从的可能性。这个界定相对于"权力"概念有什么根本差异呢？韦伯指出，关键在于被统治者的服从动机。"权力"靠的是统治者可以排除抗拒以贯彻其意志；而"权威"则必须要有被统治者的服从意愿，它绝非取决于统治者单方面的强势或威吓。这颇为符合政治学圈的一般见解。[①]（Lasswell and Kaplan, 1950：133—134）

但只要有被统治者的服从意愿就够了吗？韦伯特别提醒，许多"权威"是不稳定的。服从的意愿"可能基于习惯，可能由于感情的联系，可能由于物质利益，也可能由于理想性的动机"。

> 这些不同的动机决定了不同的支配形式。……可是作为支配的基础，单靠习惯、个人利害、纯感情或理想等动机来结合仍不够坚实。（韦伯，1996：2—3）

这些支配不只是"不够坚实"，韦伯甚至根本不承认基于这些意愿的服从可以称为"支配关系"。他因而进一步提出了正当性概念，来作为支配关系的稳定基础。但遗憾的是，韦伯对于如此重大的概念却没有明确定义，甚至还有一些混淆。譬如，他在谈到"秩序的正当性"时，竟然又将"情绪上的顺从"和"利害状况等"这些

---

① 当然，不同的见解也是存在的。譬如丹尼斯·朗（Dennis H. Wrong）就重新解释韦伯的用字，认为德文中的"Herrschaft"包括"强制性的控制"。他因而归类出一种所谓的"强制性的权威"（丹尼斯·朗，1994：58—61，64—68）。

"不够坚实"的基础放进来（韦伯，1993：63）。不过，尽管如此，韦伯对于正当性一词之含义的理解，大致还是落在可以掌握的范围。

正当性毋宁是一个诉诸内在义务感的概念。它的核心意涵借用伊斯顿（D. Easton）的用语来说，是被治者相信服从为一种"应该"（oughtness）（伊斯顿，1992：351）。它经常会加诸不服从者一种自我控诉的愧疚。相对而言，韦伯所指出的"因垄断而握有经济力量……性爱的吸引力、高度的运动技巧及迷人的口才"这些"优越性而来的影响力"（韦伯，1996：4），都明显欠缺诉诸内在义务感的效果。它们所导致的服从并非出于信仰或理性上的"应该"；而被治者若是拒绝或中止服从，也不会有自我控诉的愧疚。

迄今，许多学者使用正当性一词有其差异，大致可区分为两类。一类模拟较接近韦伯，将正当性与施政绩效分开。最典型的是李普塞特（S. M. Lipset），他说"效能"（effectiveness）是依照政治体系对大多数人而言是如何满足政府的基本功能来判断的，而正当性则是产生和维持一种信仰的能力，即相信现存政治制度是当前社会的最适安排。有些国家施政效能很高，正当性却很低；而有些国家恰相反（李普塞特，1991：71—75）。伊斯顿追随了这种类型，认为灌输正当性意识为提供"广泛性支持"（diffuse support）的最有效手段，它就有如一个"支持存折"（support deposit），当政治系统的效能不佳时，可以领出"存款"来平息许多风波。伊斯顿又根据来源区分了三种正当性类型：一，来自意识形态所褐橥的原则；二，来自对政治典则（regime）所形成之结构（譬如行政程序、法律体系、政治传统与习惯、游戏规约，以及约束着政治互动的某些价值观与文化规范等）的依附；三，来自对权威当局者个人品质的信赖与忠诚。而这三种类型全都不包括施政绩效。（伊斯顿，1992：325，341—343）

但另有一类学者却将施政绩效也当作正当性。典型的是亨廷顿（S. P. Huntington），他不只将民主程序视为正当性，也将统治者的施政绩效是否满足人民需求视为正当性（亨廷顿，1994：51—62）。衍生而出的是，当经济衰退或政策失败、大失人心时，就会有一堆人声称统治当局面临了正当性危机。哈贝马斯（J. Habermas）也同样属于这一类学者。他声称，晚期资本主义因为经济系统没有"产出"（output）所需数量的可消费价值、行政管理机构不能制定出所需数量的有效合理决策，都导致了人们不愿再投入忠诚和支持，因而出现了正当性危机。这明显地将正当性概念应用在统治的效能与表现上。[①]（哈贝马斯，1994：xvii–xvix，62—68）

阿伦特（H. Arendt）在某种程度上解决了这个问题。她刻意将正当性与"合理化"（justification）区别开来，认为前者乃诉诸过去的某种基础，而后者则是与未来的某个目标链接，譬如，暴力可以被辩护，或证明其存在的合理，但只有权力才具有正当性（阿伦特，1996：104）。正当性诉诸权力的来源（或可说服从的动机），是回溯性的；它的核心问题是怎样的统治"应该"被服从。而"合理化"则诉诸权力的效用，即目的性；它的核心问题乃权力如何满足服从者的需要。（周濂，2004：Part 4—6）

但撇开学者这些歧异和区别，他们对于正当性概念的本质意涵的认识其实是相当一致的。譬如宾德（Leonard Binder），他认为正当性的本质乃对终极权威应尽的政治义务（Binder，1971：56）。李

---

① 哈贝马斯虽然也专章讨论韦伯的正当性观念，但笔者认为他与韦伯所论有出入。韦伯未曾从施政绩效来论正当性，哈贝马斯却奠基于系统的"output"。他说，一旦"报偿需求的增长超过了可使用价值的量，或者说，当这种报偿不能满足所产生的期望时"，就会出现正当性危机（哈贝马斯，1994：92—99）。

普塞特则说，正当性是根据某种"社会的、道德的和宗教的价值"，而相信某一政治制度或形式"是最适于社会的"（李普塞特，1991：71）。哈贝马斯也同样界定其为"肯认"（recognized）某个政治秩序是"正确而适当的"（right and just）（周濂，2004：Part 3）。还有伊斯顿则指出它"源于道义上的信仰或一种义务感"，"强调服从威权和承认典范是正确和适当的"（伊斯顿，1992：351，353，359）。

他们的共同之处是都强调一种"应该"服从的内在义务感。而为什么"应该"则分别指涉了"社会的、道德的和宗教的价值"或文化系统的态度及传统。事实上，根深蒂固的习惯以及理性判断上的合宜，也蕴含在所谓"正确而适当"一词中。若用韦伯的概念来说，这就指涉了行动者可以经由"传统""感情上的信仰""价值理性"（包括伦理的、审美的、宗教的，或任何其他类型之终极价值的信仰），以及合法的"成文规定"，来"赋予某种秩序正当性的效力"。（韦伯，1993：49，67）

探讨过正当性概念的内涵后，那么，儒家的支配理论又如何呢？是否具有这样的正当性观念？回答这一问题可以通过直接的论证，但最好的切入角度，毋宁是对比儒、法两家的尊君之论了。因为君主作为统治上的最高权力，是最核心的服从对象，可以从中清楚凸显是否有正当性观念。

就以最讲究尊君的荀子为例，他虽然声称君主"势位至尊，无敌于天下。……生民之属莫不振动从服，以化顺之"（《荀子·正论》），甚至将君主视为百姓核心生活的最后实践者，"百姓之力，待之而后功；百姓之群，待之而后和；百姓之财，待之而后聚；百姓之势，待之而后安；百姓之寿，待之而后长"（《荀子·富国》）；但他的尊君主张，毋宁着眼于其在社会分配上管理中枢的角色。所谓：

"人之生不能无群，群而无分则争，争则乱，乱则穷矣。故无分者，人之大害也；有分者，天下之本利也。人君者，所以管分之枢要也。"在荀子心目中，理想的社会反映出严谨的阶层秩序，而君主扮演的就是履践"善群"功能的"塔尖"（《荀子·王制》）。若塔尖软弱、坍塌，或并非独一无二，结果将造成阶层秩序的无法统御及整合。可以说，荀子是为体系的功能而尊君，但商鞅及韩非则是为实现霸业所需的控制而尊君。

另一方面，相对于韩非对人民地位的工具化，荀子从来没有因尊君而牺牲人民，或要求人民无限的服从义务。他对于人民在国家中的角色始终给予高度肯定。他将"民"比喻为"水"，并引用"君者，舟也，庶人者，水也；水则载舟，水则覆舟"的古训（《荀子·王制》）。他更有类似于孟子的诛杀暴君论，声称"诛暴国之君若诛独夫"，"是以臣或弑其君，下或杀其上……无他故焉，人主自取也"（《荀子·富国》）。荀子又为汤武辩护，认为他只是"修其道，行其义，兴天下之同利，除天下之同害，而天下归之也"（《荀子·正论》）。虽然汤武的"夺""杀"以及"上下易位"，本身都属不正当程序，但若是因此而能"功参天地，泽被生民"，则又是属于正当行为了（《荀子·臣道》）。

归而言之，对君主的服从是有条件的。尽管君主因其功能重要性而位高权重，但还是要以其品德、爱民和施行仁政，来换取臣民真正的服从动机，不能依赖权力与刑罚的威吓及强制。所谓："道之以政，齐之以刑，民免而无耻；道之以德，齐之以礼，有耻且格。"（《论语·为政》）"上好礼，则民易使也。"（《论语·宪问》）然而，法家的尊君之论，却认为"权位"的本身就足以至尊了。韩非就曾援引慎到的见解而比喻道："飞龙乘云、腾蛇游雾。云罢雾霁，而龙蛇与螾蚁同矣。"这就有如舞台上的干冰效果，君主所有的威风凛凛，需要的只是权势的烘托。韩非因而得出结论："吾以此知势位之足恃，而贤智之不足慕也。"（《韩非子·难势》）如此一来，统治的关键只在于如何去得到绝对的权力和位分，至于拥有权位的那个"人"是否有德、爱民或施行仁政，则完全不相干了。这正是"恶君亦君"论，与儒家的"恶君非君"论形成强烈对比。

通过上述对于儒、法两家尊君思想的简单比较，结论已经很明显了。法家彻底相信"权力"和专制，追求的是统治者可以排除抗拒以贯彻其意志的可能性。儒家则否定了统治者单方面的强势或威吓，要求服从必须出于一种心理上的"应该"。援用韦伯的定义，儒家对于统治的理解，已经从"权力"的追逐进展到"权威"的建立了。固然，他们并未能将这一理念转化为有效的"制度性安排"，并发展出诸如普选投票以及国会制度之类的具体民主程序，但至少儒家对于统治有类似于韦伯的正当性概念，这一点应该是可以确定的。

除了儒、法两家尊君思想的简单比较外，儒家具有正当性观念的其他证据比比皆是。譬如："上好礼，则民莫敢不敬。上好义，则民莫敢不服。上好信，则民莫敢不用情"（《论语·子路》）；"举直错诸枉，则民服。举枉错诸直，则民不服"（《论语·为政》）；"如有不嗜杀人者，则天下之民皆引领而望之矣"（《孟子·梁惠王上》）；"民之归仁也，犹水之就下、兽之走圹也"（《孟子·离娄上》）。这些都表达出，稳定的统治基础或所谓的长治久安，关键在于当权者因有德、爱民或施行仁政而获致了人民的心悦诚服。也就是说，服从来自某种心理上的"应该"，而不是依赖强势或威吓的"权力"。在以下几节的讨论中，儒家类似的言论还会陆续出现，为了节省篇幅，此处不再赘言。

进而，如果儒家对于统治有类似于韦伯的正当性概念，它在类型上的主要成分以及混杂的情形又如何呢？是法制型、传统型、克里斯玛型，抑或是其他类型的正当性？

二、儒家与法制型支配

让我们先从法制型支配谈起。简单地说，即服从是基于合乎理性的规章。韦伯曾有点杂乱地说明了更详细的特征。可以归纳如下（韦伯，1996：13—21）：

第一，成员的行为持续不断地受到规则的约束；

第二，职权依据法规而有明显的定义和范围；

第三，按照层级的原则来建构上下位阶；

第四，凭借专业性的资格及表现来取得职位和升迁；

第五，职位的去留基于自由契约，存在着自由选择的可能；

第六，行政干部和生产工具的所有权分离，他们只是使用生产工具，接受金钱或其他形式的报酬；

第七，职位并非私有，不能出租、售卖或利用职务牟取利益和收入。

韦伯如此对法制型支配的界定堪称经典。儒家似有若干相符的支配理论，最明显的即孔子对于"礼"和"正名"的主张。盛周封建制度的原始设计，就是通过不同等级的分封隶属，确定各个角色的相互关系，并从最根本的道德与心理层次，来达成"民服事其上，而下无觊觎"（《左传·桓公二年》）的统治秩序。而礼仪则是实现这一目标的关键手段。至少在战国以前的封建城邦时代，"礼"所呈现的封建纪律仍是颇为制度化的，涵盖了雕镂、文章、黼黻、宫室、车旗、服饰、器用以及饮食等等，但其中最核心的是各个不同层次的策命礼（陈梦家，1956：98—114；齐思和，1947：197—226）。经由"委质为臣"，王室贵族被赋予对其下属阶层进行支配的正当性。

整体而言，在封建礼仪的加持下，盛周王朝取得了下位者"应该"服从的内在信仰。对于不服从者，它并不希望诉诸武力，或其他强制性的"权力"，而宁可加诸一种失"礼"的责难，企图带给不服从者以内在的愧疚。

或许正是这一正当性的效果，吸引了儒家加以阐扬发挥，声称"凡治人之道，莫急于礼"（《礼记·祭统》）。"上好礼，则民易使也。"基本上，孔子承续了封建传统，同样期待通过"礼"而让君臣、上下、长幼、男女、父子及兄弟都各有定位，彼此的相互关系因此获得确定，并且社会成员的举止言行也都纳入具体规范。因为，在明确的权利义务关系以及高度共识的角色期待下，不仅带来最少的冲突和失序，更充分存在着一种"应该"服从的内在信仰。

孔子再三诉诸"礼"来批评时政与权贵，并进一步发展为"正名"的主张。萧公权指出，"正名"就是按照盛周的封建礼仪，来调整君臣上下的权利与义务关系（萧公权，1977：57）。譬如季孙氏旅于泰山、八佾舞于庭，对孔子来说，他们都逾越了身份，已经自比为周天子了。而孔子作《春秋》，凭什么使"乱臣贼子惧"（《孟子·滕文公下》）呢？也是根据于此。所谓"名不正则言不顺，言不顺则事不成，事不成则礼乐不兴，礼乐不兴则刑罚不中，刑罚不中则民无所措手足"（《论语·子路》）。这些都充分表露了他的一种思想倾向，即认为统治行为的正当性在于合乎"礼"，不容以现实性的武力强弱取而代之。

政治作为价值的权威性分配，其最糟糕的一面就是演变成丛林法则式的优胜劣败，隶属于冲突逻辑的强制与暴力。然而，"礼"之一字却意味着高尚与谦冲的文明，全然摆脱了斗争冲突中的丑陋与血腥味。用徐复观的话来说，"礼"就是一种"文饰"，它"大大缓和了政治上下关系的尖锐对立的性格"（徐复观，1972：31）。以此而言，"礼"与韦伯所谓的"法制"比较起来，在效果上似乎有异曲同工之妙，甚至更胜一筹。通过"礼"之一字，统治关系中的命令与服从被充分文雅和艺术化了。故而，它似乎更易于产生服从的内在义务感。当然，这种说法纯粹是笔者看似合理、不悖乎人情的主观推论，尚未有任何经验研究来加以证实。

只是，毕竟儒家的"礼"治与韦伯的"法制"有所不同。基本上，孔子对"法"并不信任[①]，理由有三：第一，它们只能约束外在行为，而无法从内在改造人格；第二，它们只是事后的制裁，不能防患于未然；第三，最重要的是，它们会带来一个恶果，就是所谓的"民免而无耻"。这里的"免"指出了人们在法律之下只是消极地避免，而非积极地遵守。"心中想的只是如何不受到刑罚"，未能真正地从良心去叩问其中的是非，久而久之，内在的羞耻心就荡然无存了（朱建民，1994：122—123）。

孔子相信的毋宁是道德自律，即"道之以德，齐之以礼"，而它为什么会带来一个"有耻且格"的结果呢？因为它诉诸内在的人格层次。当然，儒家不是完全否定了法律，特别是针对所谓的"小

---

① 必须注明的是，先秦儒家所理解的"法"与韦伯的"法"稍有不同。主要在于当时的"法"乃遂行统治、控制人民的工具，是"rule by law"，它乃因应亲缘性宗族的瓦解以及"礼"的式微而兴起的。郑子产作《刑书》，晋国作《刑鼎》，都是这种趋势的表现。而韦伯的"法"却是现代的"rule of law"，统治者也在被规范之列。

人"。①但无可否认的是，建立在道德教化上的自律始终是最高理想，而政刑之类的法律则只是辅助性的次要工具，甚或是调适过程中必要的罪恶。即使是荀子，在强调"礼义法度"的外在规范之际，仍然声称"有乱君无乱国。有治人无治法"。他不是不明白"人治"的致命伤在于"得其人则存，失其人则亡"，但依旧坚持统治原理为"法者，治之端也；君子者，法之原也"。(《荀子·性恶》；《荀子·君道》)

除了对于"法"未能信任外，儒家也对于法制型支配所赖以为结构条件的"契约"完全陌生。他们始终趋向于准家族式的伦理，即以"假想性血缘"来建构组织。②

原本，在封建制度下的周朝邦国，虽然步入了民族学声称的国家阶段，但亲缘关系却没有被契约关系取代，经由封建手段，它反而被大幅强化了，并形成所谓的"氏族共同体"。但到了孔子的春秋晚期，氏族共同体已经随着封建的式微而日渐消逝。不只贵族的庄园采邑严重毁损（冯尔康，1994：86　91），强宗大族的数目和活跃力也同样锐减（许倬云，1984：321—324；335—336）。而就在这样的演变中，原本"家"的意涵与运作原则开始从"国"中迅速退却；"统治者及其臣子之间的家族凝聚力，已经被有如主雇般的契约式关系所取代"。"统治者不再是家族国家（familial state）的一个父亲象

---

① 所谓："礼不下庶人，刑不上大夫。"荀子在《富国》篇中也说道："由士以上则必以礼乐节之，众庶百姓则必以法数制之。"孟子同样指出："君子犯义，小人犯刑。"(《孟子·离娄上》)这就表明了先秦儒家似乎将道德自律局限在有文化熏陶的君子或统治阶层身上了。

② 这里所谓的"假想性血缘"，就是人与人之间虽没有真正的血缘关联，却产生类似氏族血缘的联系作用（许倬云，1984：2）。杜正胜则称之为"假氏族血缘联系"（pseudo-clanship）（杜正胜，1979：16）。

征（father-figure）"，而是官僚行政上的一个负责人（Hsu Cho-yun，1965：174，179）。

　　但儒家对于这一变迁却是抗拒的，他们强烈向往着逝去的氏族共同体，坚持将社会暨政治伦理当作是家族伦理的扩展与延伸，让整个"国"就只是一个浩大的"家"。事实上，儒家所谓的家齐而后治国、平天下，正是"假想性血缘"的阐扬与发挥，即以真血缘关系为典范，扩张为广及天下的准血缘联系。这意味着他们拒绝将社会结构的纽带，从家族式的准亲缘伦理发展为诸如契约与法律之类的互动基础。换言之，儒家在"礼"的框架下，所谓的服从乃是基于准亲缘伦理下的"应该"，而非法律与契约精神下的"应该"。

　　在准亲缘伦理下，一方面，因浓厚的义务思考而缺乏法治所必要的权利意识，人们总被要求顾念对方，并自觉亏欠。就如梁漱溟说的："一个人似不为其自己而存在，乃仿佛互为他人而存在者。"（梁漱溟，1979：90）另一方面，由于准亲缘伦理依循的乃是"差序格局"下的"亲亲差等原理"（费孝通，1991：29），即：亲缘关系愈浓稠者，愈属于特殊主义的处理范畴；而愈疏淡者，则愈属于普遍主义。结果，当整个社会被"家族化"的范围愈大时，法律的空间就随之而缩小了。

　　在上述的两重因素下，若还要说儒家的支配理论为一种法制型支配，实不妥当。然而，在"实质精神与效果"上——并非在"本质内涵"上——孔子经由"礼"所呈现的正当性诉求，还是有若干之处符合韦伯的法制型支配。[1] 为了说明这一点，我们可以进一步审

---

① 韦伯讨论法制型支配时是以大陆法系国家的"法"作为典范的，它的成立要件以及所蕴含的高度理性化内涵，都与先秦儒家所倡言的"礼"有很大的不同。笔者此处纯粹只就"实质精神与效果上"立论，绝非认定"礼"在本质上就是法制型支配。为避免误解，特此说明。

视韦伯如何论证法制型支配的五个基础（韦伯，1996：11—13）：

第一，任何一个法律规范，本身就有说服力要求其成员对它服从；

第二，规章被假设是为组织的最高利益，或为满足成员理性追求其利益而设的；

第三，支配者本身也得服从于一套无私的法令和程序；

第四，真正的服从对象只是法律，并且，也只是以组织成员的身份而服从；

第五，服从因而是有范围的，只限于秩序与理性所界定者。

令人惊讶的是，这五个基础在儒家的"礼"治中竟然是同样存在的。其一，"礼"由于规范了明确的权利义务关系，并有高度共识的角色行为期待，故而，当它内化为一种基本价值，其本身要求服从的说服力绝不亚于"法"。至少在盛周时期，封建礼仪就发挥了很大的规范作用。（杜正胜，1987：322—323）

其二，"礼"也同样被假设是为了整个国家乃至天下的最高利益，并且它所带来的秩序与和谐，也让每个社会成员都成为受惠者。荀子即声称，圣王制"礼"所可以达到的，就是"农以力尽田，贾以察尽财，百工以巧尽械器，士大夫以上至于公侯，莫不以仁厚知能尽官职"的"至平"境界（《荀子·荣辱》）。其中，百业各司其职，达于最佳分工与效用。

其三，在"礼"之下，支配者当然也得服从一套无私的规范，绝不能像季孙氏那样，身为统治者却一再践踏"礼"。事实上，这正是儒家最在意者。所谓"政者，正也。子帅以正，孰敢不正？"（《论语·颜渊》）以及"上好礼则民莫敢不敬"，就是这样的诉求。

其四，真正的服从对象，同样是"礼"而非上位者个人，也只是以成员的身份来服从的。在荀子的理论中，既然视君主为"管分之枢要"，并为体系的塔尖功能而尊君，此已隐含了服从的真正对象乃作为一种制度的"礼"，而服从者也只是以成员的身份去尊崇扮演"善群"角色的君主。

其五，在"礼"治下的服从因而同样是有范围的，若统治行为逾越了"礼"，当然就丧失了要求服从的正当性。虽然孔子没有发展出类似孟子那样的抗争和革命理论，但至少他极力地呼吁"克己复礼"（《论语·颜渊》)，并一再援引"礼"的规范来批评那些逾越的统治者。

归纳而言，儒家的"礼"治确实在"实质精神与效果"上与法制型支配有异曲同工之妙，甚至，从我们看似合理、不悖乎人情的主观推论而言，它还因将统治行为予以文雅和艺术化，而更易于产生"应该"服从的内在信仰。但毕竟它还是与法制型支配明显有别。"礼"治毋宁还是人治的一种过渡性状态，未臻于法治的标准；而在"礼"治下，服从的是准亲缘伦理而非契约精神下的"应该"。此外，儒家所指涉的理性专业，也偏向道德学问，并非知识专业；甚至，知识专业还必须接受道德的评价。这同样与法制型支配有所出入。

三、儒家与传统型支配

分析了法制型支配之后，那传统型支配又如何呢？儒家具有这一面向吗？

按照韦伯的界定，所谓传统型支配，即指对基于历代相传下来的规则及权力的神圣性的服从。其规范的有效性，并非经由立法程序所赋予的，而是宣称乃"古已有之"（valid of yore）或"求诸传统文献"的。支配者通常享有"因袭的身份"。他不是职位的"上级"，而是个人的"主人"。行政干部主要也非"官吏"而是"随从"。主人与随从之间可以是一种既有的、传统上的恭顺关系，譬如族亲、奴隶和家臣；但也可以是新发展的、靠个人忠诚而致用的宠臣或封臣，或自愿投入这一恭顺关系网络的自由人。重要的是，他们的关系取决于"个人的忠诚"，并非"官吏无私的职责观念"和自由契约。（韦伯，1996：29—31）

韦伯曾将之与法制型支配作比较，并指出有五个方面的差异（韦伯，1996：35—38）。我们可以稍加润饰，整理如下：

第一，职位缺乏明确定义及范围，后来随着干部之间的争宠和争利，才逐渐在妥协下界定清楚；

第二，传统规则取代了层级结构，支配者身边的侍从经常直接成为发号施令者；

第三，任免既无契约精神，亦毫无保障可言；

第四，很少凭借专业性的资格及表现来取得职位和升迁；

第五，干部们支领的是圣上赏赐给私人的"俸禄"（benefice）[①]，而非"薪资"（salary）。换言之，职位是私有的，理所当然可以借由职务牟取利益和收入。

韦伯还进一步依照支配者有无个人的干部，区分出了两种基本类型，即"非家产制"（non-patrimony）与"家产制"（patrimony）。其中，"非家产制"又分为两种经常并存的形式："长老制"

---

① 这里所谓的俸禄，韦伯指出有五种形式：一，住在领主家中以维生；二，从领主处支取的实物配给；三，以服务为条件使用某块土地的权利；四，借着处分某些财产获得收入、规费或税金；五，占有领主权，即"采邑"。（韦伯，1996：46）

（Gerontocracy）及"家父长制"（patriarchalism）。前者的统治权掌握在最熟悉传统的年长者手中；后者则由一个经固定继承规则产生的人来担任统治者。"非家产制"的特征是支配者没有个人的干部。因此，有赖于其他人主观意愿上的支持。通常，支配者必须以一种共有权力的方式来照顾所有成员的利益。这时候的团体成员还不致完全沦为"子民"。

但在支配者开始有自己的干部，而且越来越庞大，甚至包括了武装力量时，"家产制"就出现了。支配者的权威开始由团体共有转变为其个人特权。他可以任意处分财货及人员，而团体中的成员也沦为他的"子民"。韦伯进一步区分，如果这种支配是完全独断独行的，则可以称之为"苏丹制"（sultanism），但如果干部可以处分特定权力及其相对应的经济利益，则是所谓的"身份制"（estate type）。（韦伯，1996：39—41）

根据韦伯上述之论，我们可以主张，从商周到清末，中国的朝廷就具有浓厚的传统型支配特征，并且表现出从"非家产制"演变成"家产制"的过程，百姓愈往后愈沦为"子民"。就朝廷的结构而言，虽然从表面上看有职位分工和层级结构，但贯穿其间的毋宁是传统主义和支配者的独断。除非改朝换代，圣上总享有世袭的身份，并依照着传统的规章来行事。他与左右亲信和大臣之间，更在本质上是一种建立在个人忠诚上的主从关系；他可以任意更换，并随个人好恶贬抑或升迁部属。此外，部属所支领的"俸禄"，同样是圣上赐给其私有的一种恩宠，并也经常以实物配给的方式来支付。

然而，这样的传统型支配是儒家所支持的理念吗？

从一方面说，韦伯所谓的"长老制"及"家父长制"，颇为符合商中后期以及盛周的情形。其支配者的权力就基于世袭的正当性，并以"父亲"的象征来统管一个准血缘联系的共同体。正如我们在第一章中所谈过的，史华慈曾精辟地指出，至少就商朝的中后期而言，祭祖的意义在于家族光荣和权势的夸耀。随着政治斗争的炽烈化，它尤其成为王公贵族的"支配性象征"，甚至"统治者们处心积虑于祖先崇拜的宗教，以作为王室正当性的基础"。（Schwartz，1985：21—23；董作宾，1960：240）这意味着先人虽已过世，却仍以祖灵的形式维持着既存的阶层关系与地位（Granet，1975：39，81）。发展到了盛周封建制度，这种建立在家族光荣和权势上的世袭法则更加扩大了。依血缘关系组成的宗法制度，贯穿了整个统治阶层，并基于宗主乃"祖先的化身，是宗族全部历史的人格化象征"，而确立了世袭的正当性（钱杭，1994：49）。侯外庐称，这是一种将"国家混合在家族里面"的模型（侯外庐，1963：23）。周天子与其说是君主，不如说是大家长（徐复观，1980：28）。

但另一方面，儒家却排斥了世袭正当性所赖以为基础的家族主义。梁启超、唐君毅和钱穆都指出，儒家的伦理虽始于"亲亲"，追求的却是"不独亲其亲，不独子其子"（《礼记·礼运》）。孝悌固然是仁之本，并不是仁之全。（梁启超，1977：71；钱穆，1981：24；唐君毅，1955：246）尽管整个"国"被理解为只是一个浩大的"家"，并且，上位者更是以父兄的形象来领导统治，但对于什么人可以获得如父兄般的统治地位，儒家却坚持必须取决于成就取向的"德"与"能"，而非世袭性的辈分或长幼次第。

对儒家来说，这正是家天下与天下为公的不同。前者将统治地位的取得局限于狭义的家族意识中；后者则是追求"以德致位"（萧公权，1977：54，65）的君子统治，或者如徐复观进一步衍生的，乃"有位者必有其德"且"有德者必有其位"（徐复观，1982：

400—401）。当然，"君子"一词已经在孔子手中从封建制度下的居高位者转变为道德精英了。孟子所谓的"天爵"与"人爵"之别，也正是指此。前者是"仁义忠信，乐善不倦"；后者则是指世袭下的"公卿大夫"。（《孟子·告子上》）

这样的立场自然也反映在政治甄选上。孔子就曾表示，自己偏好选用那些先学习礼乐而后获致官位的"野人"，而不是先有了官位而后学习礼乐的卿大夫子弟（《论语·先进》）。孟子则主张"尊贤使能，俊杰在位"（《孟子·公孙丑上》）。他还要求效法"舜发于畎亩之中，傅说举于版筑之间，胶鬲举于鱼盐之中，管夷吾举于士，孙叔敖举于海，百里奚举于市"（《孟子·告子下》）。至于荀子，同样表达出对世袭法则的超越，申言"论德而定次，量能而授官，皆使其人载其事，而各得其宜。上贤使之为三公，次贤使之为诸侯，下贤使之为大夫"（《荀子·君道》）。

韦伯指出，传统型支配的精义是对基于传统以来的规章和权力的服从。或者说，这种服从是基于"某个经由传统……而居支配地位的个人"（韦伯，1996：29）。在中国，它始终包装在家族主义中，借以巩固了世袭正当性。无可否认，传统主义始终在中国具有巨大的影响力，譬如所谓的"托古改制"就是最佳明证。诉求改革者必须从传统找依据，而反对改革的更是以捍卫传统自居。更重要的是，在双方的攻防辩驳中，没有人敢挑战传统的神圣性，只能批评对手曲解或误用了传统。但儒家明白地将成就取向的"德"与"能"放置在传统主义之上，清楚贬抑了传统之规章或权力的神圣性，更拒绝将统治地位交由家族性的世袭来决定。即使是孔子对于周礼旧制的向往，固然有其传统取向的一面，但重要的其实是"礼"而不是"周"。前者是孔子的本质信念与坚持；后者则只是这一信念与坚持在特定时空中有模范意涵的具体呈现。（叶仁昌，1996b：85—90）孔子从来不是周化之顺民，也未将传统绝对化，他心目中的"礼"毋宁是承天之道的产物（《礼记·礼运》；《韩诗外传·卷五》），当然可以得之于"周"以外某种实现君子理念的新秩序或体制。

四、儒家与克里斯玛支配

论证了儒家对传统型支配的拒斥后，让我们进一步讨论韦伯的克里斯玛型支配，儒家的支配理论又是否具有若干与之相关的面向呢？

所谓的克里斯玛型支配，简单地说，乃基于对支配者某种超凡特质的景仰或受震慑而具有的服从动机。按照韦伯所举的例子，这种支配依赖的可能是所谓的暴虎之勇（Berserker）、萨满之魔（Shaman）、宗教神力，或某种煽动的技巧（韦伯，1996：61—63）。它们都让追随者产生了一种"应该"服从的内在信仰。

韦伯还指出，克里斯玛领袖的行政干部并非由"官员"组成，也绝少经受过专业训练。对他们的甄选并不考虑社会地位或家族传统，而是依据其"克里斯玛禀赋"。领袖对于他们"无所谓任命或解职。……其中只有领袖对追随者的召唤"；也没有阶层系统和明确的权责，甚至"没有薪资或俸给这类东西。门徒或追随者倾向于靠志愿的奉献为生"。至于克里斯玛共同体中彼此互动的依据，并"没有正式的规则，或抽象的法律原则……其所凭借的，典型而言是启示、神谕、灵感或其意志"。（韦伯，1996：64—66）

克里斯玛型支配在本质上有两方面的特色。首先，它是由服从者主观认定和自由给予的。换言之，支配者是否在客观上真正具有那些非凡特质，并不重要，也无法"根据什么伦理学、美学或其他任何的标准来衡量"（韦伯，1996：61）。只要追随者在主观上予以肯认和相信，并因而愿意服从就够了。其次，它在服从范围上是没有界限的。借由超凡的魅力、奇迹与成功，领导者获得了可以支配一切的无限权威。

法制型支配和传统型支配明显欠缺这两个本质特色。它们一方面都具有诸如法制或传统之类的客观基础，并不取决于追随者的主观认定和自由给予；另一方面也因而都有明确的服从界限。法制型支配的服从只限于秩序与理性所界定者。至于传统型支配，韦伯区分出了两种层面：其一是受特定传统所约束的行为，只要离此范围就失去权威；其二则恰相反，是受特定传统所授权的行为，即支配者不受约束、可以依个人喜好而采取行为的部分，但这也不是毫无限制的，支配者必须观察被治者习惯上的顺从程度，并且在不致引起反抗的程度内行使。（韦伯，1996：30，66）

值得一提的是，韦伯还讨论了一种变型的克里斯玛型支配，它经常出现在克里斯玛的"例行化"过程中，就是所谓的"直接诉诸民意的支配"。譬如克伦威尔、罗伯斯庇尔和拿破仑，他们会假借公民投票，经由群众的授权而获得统治正当性。对韦伯而言，这何以是属于克里斯玛型支配的一类呢？因为追随者对领袖"有高度的信赖及归依的情绪"，所以它不同于法制型支配。它经常导致的结果是领袖及其干部并"不太关心自己是否正确及严格地遵守纪律行事"，也"不可能追求严正客观的决策及行政管理"。但另一方面，它又与标准的克里斯玛支配不同，因为其权力的正当性是基于被治者的信赖和同意，而非其个人的克里斯玛特质。（韦伯，1996：111—120）

无论标准的或变型的克里斯玛支配，试问，儒家具有类似的面向吗？对此，正如我们在前面所提及的，韦伯自己表达过一些模糊的看法。他一方面指出，相对于巫术与宗教，儒家有着高度的理性精神以及强烈的现世伦理。它"没有以超俗世之神的名而揭示伦理'要求'的先知"。"中国人的'灵魂'没有受过先知革命的洗礼，也没有私下个别的'祈祷者'。"并且，"其理性主义的高涨程度，可说是处于我们可能称之为一种'宗教'伦理的极端边缘位置"。但另一方面，"皇权本身即是个至高且经宗教性圣化的结构。……皇帝个人的地位……完全是基于他作为上天（其列祖列宗所居的上天）的委任者（'天子'）所具有的克里斯玛"。韦伯这些模糊的话或许显示出了他自己的困惑，我们需要进一步厘清。

首先，就理性与现世伦理的一面来说，韦伯在儒家与清教徒的比较研究中着墨最多。韦伯有关这一部分的说法，我们已经在第一章中详细讨论过，在此无须赘述。重要的是，儒家真的缺乏奠基于"超俗世上帝"的超越面向，而仅为一纯粹的理性暨现世伦理吗？更关键的是，这又是否导致了其缺乏克里斯玛支配的特质呢？

这个问题的内涵其实很吊诡。在本书的第一章中，笔者已经通过大篇幅的论证指出了韦伯有一个盲点，即未能发现儒家的整个理性伦理始终是以天为最后基础的；儒家是存在着"彼岸"的，不是只有"此世"。如果完全否定掉了天，儒家的理性伦理将陷入无以立足的困境。无怪乎孔子虽"不语怪力乱神"，并声称"未能事人，焉能事鬼"（《论语·述而》;《论语·先进》），却对天始终恭敬。他明白强调君子要"畏天命"（《论语·季氏》），也以自己五十能知天命为一种成长与突破（《论语·为政》），甚至自许为天命的承担者。在谈到"礼"的时候，儒家始终相信，天乃其内在的永恒性根据。所谓"夫礼，先王以承天之道，以治人之情"（《礼记·礼运》），整体来说，其中所体现的原则，就是立仁道于天道，而非以仁道取代天道。

但虽是盲点，韦伯也没有错，因为，儒家尽管充斥着天或天理之类的概念，其伦理的核心又不外是源自古圣先贤的礼仪、典籍与家族等传统，以及由这些传统所抽象演绎出来的情和理。韦伯就是由此铺陈出了儒家缺乏超越的向度，没有真正的超俗世上帝。虽然仁道没有取代天道，并且天在仁道的实践过程中还扮演着重要角色，但天意总是依据着君主是否进德爱民而展现的，天理终究还是归结并具现为实践人伦的圣君和经典。

这就是为什么儒家在谈及统治权力时，一方面援引"天命观念"，另一方面又强调"借天抑君"。前者证明了儒家确实不是没有"彼岸"，它有着天或天理之类的超越意识。但后者却指陈了这一超越意识的世俗与仁道化，它终究是归结为实践人伦的圣君和经典。

那么，在这一吊诡中，儒家呈现了怎样的克里斯玛面向呢？一方面，天命的存在意味着统治权力的正当性来自天授，这会使人们在服从天子时产生若干克里斯玛意涵的效果。天子至少被认定为禀承天命，或是所谓的"奉天承运"，而就其身为祭天时唯一合法的"祭司"之身份而言，也很难不被当作天的代理人与中介者。借由天的概念，统治者确实被圣化了。

但另一方面，正如钱穆所说的，天命诉求的是政治责任该由谁来承担，而非政治权力隶属于谁的问题（钱穆，1976：34）。这意味着儒家真正强调的毋宁是借天抑君，而非君权天授。因此，对于统治者的圣化，儒家反而是会加以抑制，甚或反对的。通过"天聪明，自我民聪明；天明畏，自我民明威"（《尚书·皋陶谟》）这类的话，天命正当性转化成了源自统治者德政的民心向背。君权的盛衰固然是天意的展现，但关键实在于君主的进德爱民与否而已！换言之，天道的内涵其实是仁道。

然而吊诡的是，借天抑君的前提却是君权天授。试问，若君权非天授，天如何能赐予之以为赏、罢黜之以为罚呢？而即使是民意正当性，也要将之说成是天意才能发挥效果。根本上，儒家的整个人文和理性精神以及现世取向是以天为最终基础的。他们是立仁道于天道、以天道来强化仁道，绝非以仁道去排除或取代超越性的天道。即使到了后来的宋明儒家，同样一方面将天理归结为人伦，另一方面又将人伦奠基于天理。而既然仁道之君父所实践的正是天道，当然就具备了由天所"认证"的统治正当性。只要他们的统治是仁道的，顺从他们就有如顺从天一般的理所当然。

不只如此，统治者还可以技巧性地操作，经由不间断的对天的尊崇以及相关仪礼，来证明自己与天之间的密切关系；甚至，向天公开罪己的忏悔行为，都意味着已经被天接纳了。这些都强烈暗示了统治者是传达和执行天意的中介者，并进而使臣民对其生发一种"应该"服从的内在信仰。当然，这样的政治性操作并不符合儒家的原旨，但在现实上却经常发生，并也在后续的儒学理论中正式登台。[①]

天子一旦被圣化，其权威就倾向于无限，可以任意支配臣民。这一点完全符合克里斯玛型支配的特质。然而，儒家在此反而是不同调了。正如前面所讨论的，孔子强烈要求统治行为不得逾越"礼"，否则就丧失了要求服从的正当性。孟子则更基于仁道，肯定诛杀暴君以及革命的必要。至于最讲究尊君的荀子，也同样为汤武

---

① 典型的是董仲舒，他明白增添了圣君立足于天人之间枢纽地位的理论，这使得借天抑君的企图更无法收效，反倒是走上对天子的圣化结果（叶仁昌，1996a：66—68；或参见本书第一章中的相关讨论）。

辩护，并认定对君主的服从是有条件的；尽管君主因其功能重要性而位高权重，还是要以其仁道来换取臣民真正的服从动机。这绝非以仁道取代了天道，而是经由仁道将原本"宗教意涵的天"转化成了"道德意涵的天"。

归结而言，对于儒家是否具有克里斯玛型支配的面向，让我们回到韦伯那些模糊的表达。韦伯难得的是，他看到了中国的皇帝基于作为上天的委任者而具有克里斯玛特质，这似乎隐约透露了他可能知悉中国的天命观念。但遗憾的是，韦伯并没有进一步理解天在儒家的理性精神和现世伦理中的地位和转折。天命观念固然圣化了天子，赋予其为天的委任者角色，但君权天命却非中国皇帝之克里斯玛特质的唯一面向。儒家还发展了借天抑君的另一面向，即强调天意对统治者唯德是问。换言之，天道的内涵实质转化为仁道了。但儒家的整个人文和理性精神以及现世伦理，还是以天为最终基础的。他们是立仁道于天道，而非以仁道取代天道。而既然施行仁道的统治者所实践的正是天道，当然就由此产生了与君权天命有所不同的另一种克里斯玛效果，即只要统治者是仁道的，顺从他们就有如顺从天一般的"应该"。但吊诡的是，仁道的存在也使得它并非纯粹的克里斯玛型支配①，因为服从的义务不是无限的，前提必须是君主的行为符合仁道。相对于此，真正的克里斯玛型支配，并不需要以达成符合社会共识的修德爱民为前提条件，它只在于追随者的主观赋予。

可以附带一提的是，儒家的支配理论当然也不是"直接诉诸民

---

① 在这一点上，笔者认为石元康犯了错误。他从天命思想直接认定儒家乃克里斯玛型支配（石元康，1999：17—20），却忽略了克里斯玛型支配在服从范围上是没有界限的，而儒家在天道与仁道的几番转折后，已经有所不同。

意的领导制"这种变型的克里斯玛型支配。毕竟，其民心向背只是一种消极的同意，缺乏积极表达出同意权的具体制度。也就是说，并不真正存在着任何"直接诉诸民意"的制度或程序设计，来表达对支配者权力的同意与否。通过民心向背的主张，儒家更多的只是"期许"统治者要照顾百姓、听取人民的哀号和呼声，而非要求统治权力得经由某种人民同意的制度或程序。

小结：道德型正当性的试拟

对于儒家的支配理论，本章讨论至此，就其与韦伯正当性类型的异同之处以及在成分上的混杂及偏重情形，应该已经大致交代清楚了。但如此仍是不够的，还必须进一步定位出其在整体上的固定特色。既然韦伯的三种正当性类型都不能妥当适用于儒家的支配理论，笔者必得另起炉灶，才能解决这一问题。

我们不难发现，贯穿儒家的始终是从"亲亲"出发而扩张到天下的道德诉求。就法制型支配的面向来说，通过"礼"的规范，基本上所反映出来的就是这样一种"人伦"秩序。可以说，它展现出准亲缘伦理的"道德治理"。再就传统型支配的面向来说，虽然君臣有如父子、朋友有如兄弟，但儒家却要求统治地位的取得必须"以德致位"，不应基于家族主义下的世袭传统。至于克里斯玛型支配的面向，仁道无疑更是其中的核心概念。它一方面以天为基础，肯认了仁道之君的统治正当性；另一方面又规定了服从的界限。归结而言，这些不同的面向都汇集在道德这一概念上。缘此，笔者可以从中抽象、试拟出另一种"纯粹类型"——道德型正当性①，更有解释力地来说明儒家的支配理论。

这一新类型的建构基础，当然是根据于儒家的支配理论。但两者却不可以画上等号。儒家的支配理论作为一种"社会事实"（social fact）②，如前述所讨论的，在正当性的成分上是混杂的。而此处所谓的道德型正当性，则一如韦伯所使用的，乃研究者基于个人的理论旨趣，主观地将"道德"这一儒家支配理论中最核心的概念加以抽离和强调，而后投射出来的心智建构（mental construct, Gedankenbild）。韦伯即曾指出，"理念类型"就其概念上的纯度（its conceptual purity）而言，这一心智建构无论在何处都不能经验地发现其实体（reality），它是一个乌托邦（utopia，意指完美的理想境界）（Weber，1968：497）。同样地，笔者使用道德型正当性这一概念也是如此，它与儒家的支配理论作为一种"社会事实"并不能混为一谈。在正当性的成分上，前者是纯粹的，而后者是混杂的。笔者在此所诉求的，只是与法制型、传统型和克里斯玛型比较起来，道德型正当性更有解释力，也更为儒家支配理论的主要成分罢了！

道德型正当性这样一个概念，首先会遭遇的一个质疑，即"支

① 笔者早在 1996 年就已提出这一概念（叶仁昌，1996b：230）。后来发现江宜桦也使用了同一名词（江宜桦，2008：215）。从该文的"参考文献"推测，应该只是巧合。而彼此所见略同，正可增添这一概念的可被接受性。但该文在相关讨论上似有所不足。譬如，忽略了仁道与天道之间的关系，以致未能发现儒家的道德型支配仍包含有若干克里斯玛内涵。另外较大的缺点是，该文和石元康一样，从韦伯的架构来探讨儒家的支配类型，却都没有使用韦伯谈论中国及儒家统治正当性最多的著作《中国的宗教：儒教与道教》。

② 此处笔者借用了涂尔干（E. Durkheim）在方法学上的用语（涂尔干，1990：28—29，100—104）。将儒家的支配理论当作一项外在于个人意识的社会事实，经验性地分析其特质并作出研究上的处理。可进一步参考本书下一章的相关讨论。

配"的本身不就已经是一件道德之事，或者说，正当性不就是某种道德概念了吗？譬如石元康就认为，正当性即"统治者所以有权力的道德基础的问题"（石元康，1999：6）。若果真如此，则笔者的道德型正当性一概念，不就变成套套逻辑了吗？

事实上，石元康将正当性视为"权力的道德基础"，毋宁是极不严谨的对道德一词的使用。道德确实本来就是内化在人心中的应然之事；但反过来，内化在人心中的应然之事，未必都是道德。就如前述所指出的，正当性一词的核心意涵，乃一种"应该"服从的内在义务感。而为什么"应该"呢？则可以指涉"社会的、道德的和宗教的价值"，更包括了根深蒂固的习惯，以及理性判断上的合宜。它们都蕴含在许多学者所谓的"正确而适当"一概念中。难道这些"应该"都可以归属于道德吗？

试问，在韦伯的法制型支配中，合乎理性的规章可以说是权力的一种"道德基础"吗？更别忽略了很多法令规章甚至是不道德的。再譬如，在克里斯玛支配中，难道暴虎之勇、萨满之魔、宗教神力，或某种煽动的技巧，也可以说是权力的"道德基础"吗？

如此使用道德一词不是不可以，但未免过于浮滥，易生滋扰。在本章中，道德的概念毋宁是从最普遍的用法而予以理解的，其本质乃对是非善恶充分证成的标准。以此而言，道德只是正当性的类型之一。它作为一种规范人心的"应该"，当然有其正当性效果；但绝不能反过来，认定所有的正当性都乃道德之事，或者说正当性就是"权力的道德基础"。

既然如此，笔者所谓的道德型正当性一词，显然并不存在着套套逻辑的问题。而借由这一概念，所指涉的乃一种基于"道德价值"而发挥"应该"服从之心理效果的正当性类型。也就是说，它的服从动机乃基于道德作为一种对是非善恶充分证成之标准所具有的价值。它当然有别于那些基于法制、传统或克里斯玛等价值而发挥"应该"服从之心理效果的正当性类型。至于它的基本特征,笔者则可以归纳如下:

第一,支配者享有的并非法律或因袭的身份,而是道德圣贤的地位。他不是职位上的"上级",也非个人的"主人",而是扮演道德楷模、享有"天爵"身份的"圣王"。

第二,支配者的权威来自道德人格的感召,它固然有一部分是由服从者主观认定和自由给予的。但更多时候,由于存在着对某些道德规范的社会共识,它会如法制型和传统型支配一般,有其相对而言的客观标准。

第三,无论地位高低,也无论是在公领域或私领域,成员的行为都持续不断地受到道德规范的约束。道德不仅不可须臾或忘,并且,无能修身齐家者,也不可治国掌天下。

第四,职位的取得和升迁,都必须凭借道德成就,而非传统规则或专业性资格及表现,这即是所谓的"以德致位"。并也根据于此来建构组织和社会的上下位阶,形成一种"禄"随"位"、"位"随"德"的阶层秩序。(叶仁昌,1996b:154—179,253—254)

第五,即使是最高支配者,其职位都并非私有的,不能用以牟取私利,也不能私相授受,"篡弑"甚或"禅让"都是被否定的。[①]天下为公,传贤不传子,有德者居之。

这五个基本特征说明了道德型正当性的意义。但对于了解这一

---

① 此处提出"禅让",可能引致争议。但笔者是依循荀子之见的,他认为"禅让"是错误的用词。无论舜继尧、禹继舜,都是各以其"三公"的重臣身份而继"统"的,并非由尧或舜私相"禅让"的(《荀子·正论》)。

新的类型，这样的说明还是不够的。我们必须更进一步探讨，道德概念如何被儒家使用，其内涵为何。

事实上，原本在先秦时期，这一概念并不突出，正是儒家将它发扬推广的。江宜桦似乎仔细计算过，"德"在《论语》中出现三十一次。但绝大部分都在强调其重要性，而对于它究竟是什么，几乎没有任何解释。真正对"德"的意义有所阐发的，都是比较侧面、迂回的说法。譬如，"中庸之道"是一种德（《论语·雍也》），"让天下于贤者"和"以大事小"也是一种德（《论语·泰伯》）。或者，孔子会从反面指出什么不符合"德"，譬如"巧言乱德"（《论语·卫灵公》），"乡原，德之贼也"以及"道听而涂说，德之弃也"（《论语·阳货》）。江宜桦指出，《论语》只有两段话直接面对"德"为何物。一段是子张问孔子如何"崇德、辨惑"，孔子回答说"主忠信，徙义"就能崇德（《论语·颜渊》）。另外一段换成樊迟问"崇德、修慝、辨惑"，孔子回答说"先事后得，非崇德与"（《论语·颜渊》），意思是先做该做的事，而不计较收获，就能使"德"日益提升。（江宜桦，2008：204—205）

江宜桦上述这样一种字义式的对"德"之诠释，似乎没有得出什么结论，也显得表面化。要理解儒家的道德观念，在脉络上其实应该要扩及"仁""义""礼"三方面。孔子最突出的是尚"仁"，并以其作为道德最核心的内涵。诚如许倬云所指出的，在孔子之前的文献很少言"仁"，即使有，也只是用以形容有没有知觉、麻木与否、外表或景象美不美好（许倬云，2006：67）。到了孟子，"义"的概念大幅抬头，且与"仁"并列为其道德理论的两大支柱。其中，"仁"为道德的本体，主要是以一种心性而存在。"义"则是"宜也"（《中庸·第二十章》），可以解释为在各种不同情境与相互关系下，所作出的合宜之道德判断。两者之间，"义"并非"仁"之外的另一个道德主题，它毋宁是作为心性之"仁"在实际情境与关系中属于理知层面上的应用。与"仁"比较起来，"义"的概念在先秦时期的使用相对普遍，并且其中就有正当、应当的意涵。至于"礼"，则是"仁"与"义"表现为社会暨政治制度上的一种外显。它已经从心性和理知的层面进展到行为层面的具体规范了。

归纳来说，"仁""义""礼"三者共同结合为儒家道德概念的主要内涵。虽然在实际的表述上非常广泛，包括了仁义忠信、孝悌、温良恭俭让、克己、九思、四维八德、恻隐、羞恶、辞让及是非等等，但大抵不出"仁""义""礼"的三大脉络。

儒家对道德概念的使用，除了这三大内涵外，笔者还可以就其属性给予更多而细腻的定位。譬如，它在性质上非常独特地蕴含有准亲缘伦理的色彩。所谓"亲亲而仁民，仁民而爱物"(《孟子·尽心上》)。这与西方那种建立在基督宗教或个人主义之上的道德观念，在进路上显有不同。

再譬如，从道德的起源来作区别，儒家的道德概念毋宁是属于韦伯所说的"价值理性的行动"，而非"目标理性的行动"(雷蒙·阿隆，1986：207—208)。它意在实践仁义这一价值信念，而非在目的与手段之间作出工具性选择。尤其将孟子与墨子互相比较时，这一点就更加凸显了。墨子倡言一种两利互惠的"兼爱"，但对孟子来说，道德"何必曰利"？它应该在"存心"上纯粹地诉诸"仁义"本身的说服力。这个立场当然是十足康德式的"道德理性主义"(moral rationalism)。即主张一种"先验的道德知识"，它对某一行为声称为"善"的信念，其自身就生发了一种"性向"(disposition)去促成这一行为(罗伯特·奥迪，2002：794)；并且，认定行为是否道德的关键，不在于其结果，而在于其原初的动机。孟子和康德都属于"义务论伦理学"（deontological ethics），而非可以将道德化约为功利，并取消道德独立意义的"目的论伦理学"（teleological ethics）（李明辉，1990：147—194）。[1]

在上述分析道德型正当性的基本特征、儒家道德概念的内涵及其属性后，最后，我们来到了有关道德型正当性的一个最核心课题，即为什么儒家的道德之论可以产生服从的动机呢？孟子凭什么坚信，"以德服人"的"王道"会有"自西自东，自南自北，无思不服"的效果（《孟子·公孙丑上》）？

江宜桦曾在其研究中，从修身、举贤、惠民和守信四个角度说明了《论语》中存在着道德型正当性（江宜桦，2008：209—215），但对于为什么儒家的这些道德之论可以产生正当性效果，却完全没有触及。他只谈了结果，但没有解释其中的心理过程。借用韦伯的话来说，就是基本心理动机的整个"推断演绎"过程（"deductions" from fundamental psychological motives）（Weber，1968：496）。这毋宁是一个比单纯的道德主张和发扬更为后设（meta）的课题。对于韦伯这样一个极端重视行为动机的学者，这绝不能含糊带过。它深刻关系着正当性的建构能否成立。当然，它在分析探讨上的难度很高，但韦伯在探讨法制型支配时已经做了一个很好的范例，笔者可以在此学习效仿，胪列出道德型支配得以产生正当性效果的若干基础，从而探讨其所以让臣民服从的理由何在，又是否足以作为一种

---

① 笔者必须承认，这是一个争论未决的问题，因篇幅所限，无法详论。典型的不同立场代表作请参见蔡信安的专论（蔡信安，1987：137—140，160—165，168—171），以及本书下一章的讨论。

长治久安的服从动机。[①]

首先，道德直接诉诸人们的良心律则，它是完全不需要理由的驱迫与无上命令，其本身就有要求服从的内在感召力。邬昆如传神地说道，康德的道德哲学导引出"应该"（Sollen）以及"愿意"（Wollen）等概念，而前者"是良心的呼声，是责任"，后者"是自由之选择，是随良心之呼声之后的反应"。对于道德命令的顺从，会"使自己内心无比的安宁，或反过来，使自己内心慌乱"（邬昆如，1975：450）。这就是为什么人们对于道德虽然可能动摇，甚或背叛，但是非之感仍在心中此起彼落、不断交战挣扎。

对孟子而言，圣人的那一颗道德的善心，即使是凡夫俗子也都是有的。而既然是先验的良知良能，则它在"存心"上就不需要外加的功利诱因，也非后天的任何污染所能湮灭否定。即使它微弱如将残的烛光，仍在人的心中作用、呐喊呼唤。只要能够"反身而诚"（《孟子·尽心下》），找回它，并加以"扩而充之""求其放心"（《孟子·告子上》），终将成为一股巨大的道德力量，督促着人们不计得失地顺从它。

其次，道德型支配的另一个服从基础，是它预设了有德者的统治行为乃出于对人民至诚的善与爱，并也体贴地考虑了人民的处境、生计和需要。故而，人民将因服从而获得对自己乃至整体的最大利益。孟子强烈批判当时统治者聚敛、剥削以及好战等的失德虐政，并极力呼喊保障人民的福祉，可以说就蕴含了这样一种预设，认定"不嗜杀人"（《孟子·梁惠王上》）、养民爱民，以及吊民伐罪的统治

---

① 以下有关道德型支配的基础，部分论证已在笔者旧作中提及（叶仁昌，1996b：230—234），但因过于简略，且未处理某些关键问题，故在此大幅重新改写，提出更完整论述。

者，会因为造福百姓而得到人民的归顺服从。

对于儒家而言，统治者权力的大小始终不是问题，分权的观念也未曾存在，重要的乃在于谁是权力之剑下的受惠或受害者。他们始终相信，这把剑只要握在有德者手中，经由施行仁政、轻赋税、免徭役和乐善好施，"因民之所利而利之"（《论语·尧曰》），它不仅无害，还会为人民带来最大的保障和福祉。可想而知，这对于服从有其正当性效果。

但必须厘清的是，这样一种服从的基础，由于存在着功利主义的计算，不就演变成前述韦伯所谓的"目标理性的行动"了吗？对儒家而言，尤其是对孟子而言，服从不应该是道德感召的结果吗？何以在此竟成了自利行为？这其实是儒学中争论不休的难决问题。笔者将在下一章中再详细处理。在此，可以先简单地说，即道德决断固然不以功利为"存心"，但也无须排斥仁义所带来的功利"结果"。这就好比一个艺术家，虽然不计代价地为追求美学而委身，却也乐见其艺术作品能卖得一个好价钱。好价钱从来不是他投身艺术的"存心"，却是值得欢迎，甚至期待的"结果"。

同样地，统治者的仁政之德，固然因造福人民而有强化服从意愿的效用，但不能将它与"存心"层次相混淆。它虽然值得欢迎，甚至期待，还可以作为服从上的辅助性诱因，却不能取代道德作为一种"应该"本身的内在感召力，成为服从的真正"存心"。

再次，在道德型支配下，统治者本身同样必须服膺于道德规范，这也是臣民愿意服从的重要理由。儒家屡屡要求统治者为道德表率。所谓"君子之德风，小人之德草，草上之风必偃"（《论语·颜渊》）；"知所以修身，则知所以治人"（《中庸》）。荀子则更将修身等同于治国，所谓"闻修身，未尝闻为国也"（《荀子·君道》）。对下位者而言，既然最高统治者都必须"唯德是从"了，自己的服从就更加理所当然。

这也充分表明了在服从上真正的最终权威其实是道德本身，而非统治者。这一本质的转变，为服从带来了巨大的正当性。因为它将对"统治者作为一个角色"的服从，转化升华为对"道德作为一种价值理念"的服从。

其中还存在着一层反论，道德经常沦为统治者的工具。上位者以权谋将自己的私欲和利益包装成高贵的道德，或者是企图让臣民在道德的教化下因温良恭俭让而易于管理控制。但儒家的原始理念，却是期望道德借由统治者而履践推广，俾能迈向"天下归仁"（《论语·颜渊》）的最高目标；或者是说，让每个人都成为道德的主体，创造出道德的共同社群。如此一来，相对于道德，统治者反而只是工具了。

史华慈说得好，无论君或父，其所以在整个体制中被赋予隆礼荣衔，根本的意义是要他们成为"道德模范的施为者"（an agency of moral example）（Schwartz, 1964：5，10）。这意味着君父对于道德既要履践推广，也得承受其评估。而"道德作为一种价值理念"乃根源于天道，并非统治者的意志或命令。"统治者作为一个角色"并没有多少诠释空间和权力，他被赋予的毋宁只是忠实地去做表率和布施。

最后，道德型支配的第四个基础，在于服从的范围是局部的，而非无限的义务。那服从的界限又在哪里呢？当然就是统治者行为与命令本身的道德性了。诚如在前述中所曾讨论的，儒家虽有君权天命以及借天抑君的思想，导致了两重面向的克里斯玛特质。一方面圣化了天子，赋予其天的委任者之角色；另一方面，只要统治者是仁道的，顺从他们就有如顺从天一般的"应该"。但仁道的存在也使得它并非纯粹的克里斯玛型支配，因为服从的前提必须是君主的行为符合仁道。儒家因此绝不肯定法家那种"毋称尧舜之贤，毋誉汤武之伐，毋言烈士之高，尽力守法，专心于事主"的"忠臣"（《韩非子·忠孝》），也拒绝所谓"夙兴夜寐，卑身贱体，竦心白意"的投降式服从（《韩非子·说疑》）。

儒家相信，统治阶层必须不断证明自己在道德上的无瑕与高贵，才能继续维持其权威；而一旦证明失败了，就即刻面临统治正当性的危机。更重要的是，这一"道德上的无瑕与高贵"，固然有一部分是基于被治者的主观认定和自由给予，但更多时候，就譬如"礼"，由于存在着对某些道德规范的社会共识，它会好像法制型和传统型支配一般，有其相对而言的客观标准。这对于服从动机当然有显著的效用，因为，对于大多数的下位者而言，除非是克里斯玛型支配，一种"全面而无限"的服从，不仅令人高度不安，更强烈意味着尊严的丧失，甚至是自我与灵魂的出卖。而服从义务的有限性，正可以祛除这一心理障碍，提高服从的意愿。

这四个基础似乎能够说明道德型支配何以具有正当性效果，并因而作为一种长治久安的服从动机。从现代政治理论来看，它有其深刻价值。譬如，不少学者批评韦伯将法制当作一种正当性，但许多统治集团却总可以天衣无缝地控制议会，完全合法地包装自己的邪恶和剥削（哈贝马斯，1994：128—133）。施米特（Carl Schmitt）因而声称，法制之上应该要有更高的权威，才能承认法制的正当性（施米特，2003：254）。试问，这个更高的权威是什么呢？当然，道德绝对是最重要的答案之一。也就是说，法律必须是道德的，不能以其实证性的程序规则为已足，这毋宁吻合了道德型正当性的诉求。

儒家的支配理论当然有其困难、不足和缺点。譬如，当有人比主政者更有德时，是否就应该取而代之呢？如此，道德型支配不是会带来严重的政治动荡吗？[1] 再者，它是否会演变成唯仁是从或泛道德主义[2]，并压抑社会的公平正义以及多元发展呢？又是否导致了只能期待经由道德性的内在途径来净化权力，而无法从外在制度形成抗议性的权利实体呢？尽管在现实政治中有许多统治者失德虐民，而儒家也每每为此呼喊奔走，但即使再多的失望和挫败，儒家始终不改对统治者道德的期待，而未能发展出对统治者监督和制衡的设计。这些议题都值得进一步探讨，但已非本章的焦点了。

拙著的研究至此，对儒学作为一种统治原理所蕴含的支配理论，在本质上已经有所厘清和定位了。这是韦伯深感兴趣、多次提及，却未能清楚回答的问题。本章是否完成了其未竟之业的若干部分，填补了学术史上的这一遗憾呢？而笔者根据于儒家支配理论所抽象和试拟出的道德型正当性，又能否作为对"韦伯学"中关于正当性类型的初步质疑和突破呢？[3] 这就有待学界进一步的评估和深化了。

---

[1]　依笔者所见，按照儒家道德型支配的理路，确实道德较次等的主政者应该由道德较高等者取而代之，这样才堪为天下人的道德表率。但这毕竟只是"理念类型"，在现实层次上，儒家可能有两个处理原则。其一，对于那些只是在道德上相对不够高尚者，应该是期待他能不断自我提升，而非由更有德者取而代之。毕竟，政权更替是带有昂贵社会成本，甚至政治动荡风险的。其二，对于那些根本是失德虐政并屡屡劝谏而不听者，儒家期待的恐怕就是取而代之了。当然，孔子与孟荀在此方面又有差异。孔子终其一生未能肯定革命，而孟荀则肯定汤武之行。

[2]　这里必须分辨清楚，从"纯粹类型"的方法学上来看，道德型正当性本来就是笔者将道德这一儒家支配理论中最核心的概念加以抽离和强调，而后投射出来的心智建构，它并不就等于儒家的整体或全部。换言之，道德型正当性并未否定儒家具有道德之外的其他价值面向。道德型正当性既不就等于，也不必然意含泛道德主义。

[3]　必须附带说明的是，对于韦伯有关正当性类型架构的全面检讨，并非拙书在本章的使命及目的。

第四章

理念类型的对话：
义利的四种模式

楔子

韦伯的精彩不只在经济伦理，也不只在支配类型，他还是方法学上的大师。对于文化学科中的客观性、价值参照以及理论建构，他都有重要贡献。而其中最有代表性、最让人津津乐道的，莫过于理念类型的创建了。而这对于儒学的研究有什么帮助呢？它能够让我们更妥善地处理过去未能厘清的某些课题吗？

在笔者研究儒学的过程中，发现孟子的"义利之辨"不仅开启了后世有关义利之间的持续争论，更高度影响了中国思想在面对现实利益时的态度。但遗憾的是，学界对孟子义利之辨始终充斥着许多混淆、模糊和争辩。面对林林总总、各种各样有关其义利关系的描述，笔者自忖，或许韦伯的理念类型会是一个不错的工具，可以将它们有效厘清、辨别和重组，并定位出孟子义利之辨的真实动机、原委和意涵。

这就是接下来要讨论的"儒家与韦伯"的第四个对话：理念类型的对话。

笔者将依循韦伯的方法学，拟提有关孟子义利之辨的四种主要纯粹类型来作为整章的分析架构，而后逐一分析它们对于厘清孟子义利之辨的真实动机、原委和意涵，各具有怎样的适切性与解释力。最后得出结论：孟子在动机或存心的层次上是高浓度的"以义斥利"类型，而在结果的层次上，则是"义以生利"的类型。至于"先义后利"和"义即公利"，这两种模式都面临困难，并不适用于解释孟子的义利之辨。

前言：纯粹类型的应用

在政治决策中的道德与利益之间该怎样调和呢？自古迄今，这始终是一个充满争议的课题。有人非常务实地以利益——或所谓的成本效益分析——为依归。有人则高举道德的大旗，鄙弃任何利益思考。当然，还有人试图将两者平衡或协调；至于平衡或协调的方式，则又各有巧妙不同。这一课题的难决，不只影响决策取向，也直接导致了对政策评价的差异。譬如，有人会根据价值理念而批判某些政策违背道德，有人则从利益的实际分配结果来抨击政策失败。

孟子政治思想中的"义利之辨"，所牵涉的正是这样一个争议性课题。原本，在孔子的思想中，并不多谈人性；而"仁"也只是表现在君子身上的一种德行。但到了孟子，他从"不忍人之心"的"人皆有之"（《孟子·公孙丑上》;《孟子·梁惠王上》）出发，将道德转化为一种普遍的人性，并且还是用以区别人与禽兽的第一特征。这致使道德开始具有一种建立在人性基础上的必然性。它不仅无可动摇、轻忽或丢弃，更是人之所以为人最重要的使命，也是衡量每个人一生成就的标准，并构成了社会和国家的终极目标。它甚至还意味着道德对于任何一个人，在任何情况下都具有最高和优先的排他性地位。

而就在这一人性基础的必然性上，孟子进一步申言了著名的义利之辨。虽然后人对其仍有若干不同的理解和评价，但基本上它不仅开启了后世有关义利之间的持续争论①，也在相当程度上决定了中国思想在面对现实利益时的态度。朱熹就明白指出，"义利之说，乃儒者第一义"（朱熹，1972：卷二四，《与延平李先生书》）。它对于中国的政治、经济，乃至社会和文化，都产生了巨大影响。

长久以来，学界对于孟子义利之辨的讨论和研究，其实颇为丰富，也累积了不少成果。但遗憾的是，在笔者看来，厘清的程度仍有所不足，而且似乎还存在着若干误解和未决的难题。本章试图予以再思，并期望能够在一个新的架构下，对孟子的义利之辨重新定位。

本章进行的策略比较特别，或许对不少人而言也颇为陌生。笔者采用韦伯的方法学，建构了有关孟子义利之辨的四种主要"纯粹类型"。第一种是属于"取代模式"的"以义斥利"；第二种是属于"条件模式"的"先义后利"；第三种是属于"化约模式"的"义即公利"；第四种则是属于"因果模式"的"义以生利"。它们各自的含义、诉求和主旨，以及彼此之间的差异，将在后续的正文中，随着对孟子义利之辨的各种论述之分析，而渐次展开，为避免重复和节省篇幅，在此暂不加细述。

但笔者必须说明为何要采用纯粹类型的研究方法，这主要是鉴于学界对孟子义利之辨的讨论，始终充斥着诸多义利关系的模糊描述。譬如以义斥利、以义代利、先义后利、后义而先利、利而后可

———————————

① 按照黄勇的看法，在中国历史上曾经出现过三次"义利之辨"的争论高潮，分别是：春秋战国的义利之辨；两汉以盐铁会议为中心的义利之辨；宋代二程、李觏和王安石，朱熹和陈亮所开展的义利之辨。并且经过这三次争论，义利论已渗透于社会经济生活和日常人伦中（1998：30）。

义、以利天下为义、以义制利、以义诎利、以利佐义、以义主利、义以生利、义中之利、利在义中、义利交融、义利相容、义即公利、义以建利、义利相生、仁义之为利、义者利之本、义者利之和，或是利者义之和也等等。如此林林总总、各种各样的语词和论述，固然表现了撰述者的洞见和创意，但确实令人难以捉摸和掌握。这激起了笔者将它们予以厘清、辨别和重组，并建构起纯粹类型的想法。

纯粹类型的方法学，其好处就是从一开始就强烈要求，对相关概念与类型作出足够的厘清与妥善建构。但这只是它的最基本功夫而已，更高的标准是这一厘清和建构还要能达到尖锐化的"纯粹"地步，如此才能借由对照出与经验实体之间的"距离"而发挥效用。韦伯说得好，纯粹类型"愈是尖锐而明确地被建构出来，意味着它愈远离真实的世界，但在这层意义下反而愈能够善尽其责"，即经由对照所呈现的"距离"而"使我们更容易获得关于行动者真实动机的知识"（韦伯，1993：43—45）。

笔者的想法也同样如此，一方面期望经由四种纯粹类型的建构过程，能够厘清、辨别、重组上述有关义利关系的各种令人难以捉摸和掌握的描述；另一方面，则希冀借由对照出孟子或学者们有关义利之辨的论述与这些纯粹类型之间的"距离"，而更能够掌握孟子义利之辨的真实动机、原委和意涵，并予以清楚定位。

当然，纯粹类型的采用有其风险，它经常被误解和错用，并因而招致若干其实可以避免的批评。但所幸韦伯已经为这一方法学奠定了良好基础。以下，在正式的讨论开始之前，有两个方法学上的重要提醒必须先行交代。

第一，韦伯指出，纯粹类型是研究者主观而有所选择性地建构出来的，所根据的主要是其个人的"理论旨趣"，而若研究者改以不同的视角和目的，原来所建构的纯粹类型经常就不适用了。这意味着纯粹类型的建构并不企图"涵盖"或"穷尽"探讨对象之相关范畴的所有内容。就以本文为例，只讨论了"以义斥利"，却没有探索"以利斥义"；只分析了"先义后利"，却只有局部地谈到"先利后义"；只说明了"义以生利"，却未曾触及"以利生义"。笔者虽然建构了四种纯粹类型来作为分析架构，但它们只是主要的——而非所有的——类型。它们既不涵盖，也未穷尽义利之间的所有关系或各种复杂情况。

那么，笔者作出选择的根据或缘由又是什么呢？

首先是笔者发现，在前述诸多义利关系的模糊语词中，有不少是意涵相近、可以归类的。譬如，以义制利、以义诎利、以义代利，所意指的大概就是"以义斥利"。而以义主利，强调的是义相对于利的优先性，它并没有将义利置于对立面，很类似于"先义后利"。至于以利天下为义、义者利之和，大致可以归类为"义即公利"，因为它们指的都是公利。还有义中之利、利在义中、义以建利、仁义之为利、义者利之本、义利交融等，则可以归入"义以生利"的范畴或其变型。

但更关键的理由是，在相关论述中屡屡出现又最富争议性的，正是孟子的义利之间是否互斥、义利之先后、公利是否也在排斥之列、利是否为义的结果，以及这一结果又是否为义的动机等等的问题。而随着进一步的探索与思考发展，它们就逐渐形成笔者在建构纯粹类型时主观的理论旨趣了。笔者十分想去厘清这些屡屡出现又最富争议性的问题。

这正代表了笔者在撰写本章时的"问题意识"。不过，对于这一问题意识的解答途径，笔者舍弃了只是对文献中既存论述的汇合归类，反而刻意选择了难度较高的对纯粹类型的新建构。对既存论述的汇合归类只是笔者的心路历程，它为纯粹类型的新建构奠定了理解基础；进一步的突破，是扣紧和掌握理论旨趣，从既存的各种论述类型中抽象出若干特定成分，并加以强调，建构创设出纯粹类型来。这意味着本章对于义利之间的四种纯粹类型无法只是从文献回顾中直接归纳而得，还必须有一个抽象、强调和建构的推导过程。

其中特别重要的是所谓的"强调"，它指的是将抽象出来的成分予以尖锐化，达到一种"纯粹"的地步。这正是笔者第二个必须先行交代的重要提醒，即本章的四种类型在建构的过程中都经过了纯粹化。它们都是所谓的"理念类型"。借用韦伯的话来说，从概念上的纯度而言，纯粹类型其本身无论在何处都不能经验地发现其可以对应或等同的实体，这一类型只是概念设计上的理想境界而已。（Weber，1968：497）① 这意味着孟子或学者们有关义利之辨的论述作为一种经验实体，都与这四种纯粹类型有某种"距离"；更正确来说，它们在这些纯粹类型的成分上毋宁是混杂的。

在此，或许有人会问，为什么孟子或学者们有关义利之辨的论述可以被当作一种经验实体，用来衡量它们与本文四种纯粹类型的

---

① 必须提醒的是，这段话强调的只是纯粹类型的本身不应当拿来对应或等同于某一经验实体，并非说纯粹类型没有经验意涵，不涉及经验世界或实际运作情形。基本上，纯粹类型是对某些经验事物之若干成分的抽象，并加以强调（尖锐化到纯粹的地步）而设置的心智建构。譬如"理性人"即是一个纯粹类型，就概念上的纯度而言，无论在何处都不能经验地发现一个可以对应或等同于这一纯粹类型的活生生的人，但一个活生生的正常人，又都或多或少有依照理性行为的时候。"理性人"就是从这样的经验事实中，将人的理性面抽象出来并加以尖锐化到纯粹的地步而建构的。它既是经由心智创造的理想境界，又同时依据了有经验意涵的事物或现象。上述可进一步参见易君博在这一方面的说明。（易君博，1977：55—79）

"距离"呢？笔者可以借用涂尔干在方法学上富于创意的贡献来回答这个问题。他指出，无论是风俗或仪式等的社会现象、宗教经典或历史文件，乃至于研究柏拉图的一部作品，都可以当作是属于经验世界、外在于个人意识的"社会事实"（social fact）（涂尔干，1990：28—29，100—104）。当然，涂尔干所谓的"社会事实"有其独特的语意脉络及内涵特质，并不能完全模拟、契合应用于本书。但它却给予了我们一个启发，即行动者（或作者）的主观动机或意识，若它们一旦被表述或记录，就可以被当作是属于经验世界、外在于个人动机或意识的存在。它们开始有了属于自身、脱离行动者（或作者）主观动机或意识的发展与逻辑。

基于此，本书也同样指出，孟子或学者们有关义利之辨的任何论述，固然是一种表达动机或意识的理念层次之物，但就其作为一种既定的成果而言，也可以被视为一种经验体，并"客体化地"被拿来衡量它们与本文四种纯粹类型之间的"距离"。

不仅如此，笔者还要沿用韦伯前述的话而进一步提醒，孟子或学者们有关义利之辨的任何论述，它们作为一种经验实体，不应被拿来试图去对应或等同本章所提的任何一种"理想型"。因为，后者在成分上是纯粹的。无论是所谓的取代、条件、化约或因果模式，还是各自所呈现的纯粹类型，其诉求和主旨都已经在概念的纯度上彻底被尖锐化，因而彼此之间的差异是泾渭分明、不容含混的。但前者，即孟子或学者们有关义利之辨的任何论述，它们作为一种经验实体，在成分上却是混杂的。很有可能某一学者对孟子义利之辨的解释，在不同的层次或剖面上会出现分别倾向于不同纯粹类型的情形。

在本章后续的分析中，我们将会发现，情况确实就是如此。有些学者在抱持"先义后利"来定位孟子之际，却同时表达了若干属于"义以生利"的论述；另有些人则将"义以生利"和"义即公利"混淆，并列来解释孟子的义利之辨；甚至，有的学者竟同时根据这两种互有差异的类型，而将孟子诠释为效益主义（utilitarianism）。事实上，本章最后对于孟子义利之辨的结论，在定位上也同样是混杂的，即认为孟子在不同的层次或剖面上，呈现出了属于不同纯粹类型的特质。

交代了这两个有关纯粹类型在方法学上的重要提醒后，应该多少可以避免一些对拙著在分析架构上的质疑和批评了。接下来就进入正文，逐一来分析孟子的义利之辨具有哪些纯粹类型的成分，又在哪些层次或剖面上比较倾向于哪一种纯粹类型，以及如何混杂的问题。

一、取代模式：“以义斥利”

首先，我们可以从属于"取代模式"的"以义斥利"开始。简单而言，这一类型就是强调义利之间无可化解的矛盾冲突。它最纯粹的特质是，在义利之间，无论是目的价值的选择，抑或是属于工具理性的思维方式，都铺陈了几乎没有妥协余地的二元对立格局。它要求完全站在动机或存心的层次，只问道德上的"该不该"，而拒斥以结果层次上的理性计算、机会和风险的评估来作为决策或行动的依据。

在许多学者的诠释下，孟子的义利之辨正是极高浓度的"以义斥利"类型。孔子虽已明言"君子喻于义，小人喻于利"（《论语·里仁》），又说"见利思义"、"义然后取，人不厌其取"（《论语·宪问》）、"不义而富且贵，于我如浮云"（《论语·述而》），但孔子只是在对比君子与小人两种不同的生命态度，以及要求在合乎

"义"的前提下来谋"利"，尚不至于发展到"以义斥利"的程度。

按照黄俊杰的考证，在《尚书》和《诗经》这些早期文献中，"义"的概念从未涉及人的价值自觉或意志自由，而孔子不仅延续了传统，将"义"视为"宜也"（《中庸·第二十章》），更将"义"与"君子"观念结合。黄俊杰相信，通过"君子喻于义"、"君子义以为质"（《论语·卫灵公》）这种表述，孔子非但强调了"义"的内在性和普遍性，也触及了人的价值自觉或意志自由的问题（黄俊杰，1986：121）。

但孔子虽有这些突破，他最重大的诉求毋宁还是尚"仁"，并以其作为道德最核心的内涵。让"义"这个概念获得更重要发展的人无疑还是孟子（袁保新，1992：137）。根据陈大齐的研究，孟子的"义"可以归并为"羞恶之心，义也"（《孟子·告子上》）和"义，人之正路"（《孟子·离娄上》）两句话。前者指的是"义"即有所羞恶而不愿为的念头，后者则谓"义"乃人人所应由的正路。（陈大齐，1987：273—276）信广来的看法或许最有参考价值，他认为孟子的"仁"内在于人的心，而"义"则是给人的一条路（path）。杀一无辜是不仁，取不属于我之物则是不义。"仁"关乎心的"不忍"，而"义"则属于"不为"。"仁"强调一种情感上对别人的关心，既不愿伤害别人，也不能忍受别人的受苦。而"义"则强调律己，委身于某些道德规范，一方面拒绝用不当的手段去获取所得，同时也不接受别人不当的馈赠和给予。（Shun Kwong-loi，1997：63）整体来说，"义"与"仁"并列为孟子道德理论的两大支柱。其中，"仁"为道德的本体，主要是以一种心性而存在。"义"则可以解释为"仁"这一心性本体——包括恻隐、羞恶、辞让及是非之心等——在各种不同情境与相互关系下，经由对其合宜和适当性的判断，所呈现出来的一条正路。

那么，孟子又是如何将"义"的概念予以彻底阐扬呢？首先，最有代表性的，应该就是孟子挑战梁惠王的那一番话了。"王何必曰利？亦有仁义而已矣。"孟子警告他，如果从王、大夫到士和庶人，心里想的都是怎样对自己的国、家和身有利，结果将是无止境的篡弑（《孟子·梁惠王上》）。因为对你的臣下来说，杀掉你而后取而代之，正是他们最大的利益。

孟子又在另一处说道："鸡鸣而起，孳孳为善者，舜之徒也。鸡鸣而起，孳孳为利者，跖之徒也。欲知舜与跖之分，无他，利与善之间也。"（《孟子·尽心上》）这个区别二分说得直接而坦白，没有转圜空间，即好人与坏人只有一个不同，就是追求善抑或利。

还有一次，陈代建议孟子委屈自己主动谒见诸侯，若能被重用，可以致王霸。这就好像"枉尺而直寻"，即弯曲一尺，伸直时变成八尺。似乎很上算，"宜若可为也"。孟子回答，志士固穷，愿意死在沟壑；勇士轻生，早就准备好断头颅。人若是可以因为利而"枉尺直寻"，那不也可以因为利而"枉寻直尺"吗？（《孟子·滕文公下》）在此，孟子所表达的忧心是，如果为了现实利益而可以委屈一下人格志节，终将有一天，也会为了现实利益而在人格志节上作出更大妥协。[①]

孟子上述的言论可以视为从"义"的道德信念对贪图利益的反

[①]　李明辉对这一则故事的解释与笔者稍有不同。他认为："这很典型地表现了存心伦理学的态度，即不根据任何有关后果的考虑来决定义之所以为义。"（李明辉，2005：128—129）但笔者认为，孟子在此反对的是为利益而委屈志节的态度。它反映了道德人格在面对利益时的妥协和软弱。因此，孟子才会在前面先说"志士不忘在沟壑，勇士不忘丧其元"。这则对话的重点，应该不是存心伦理学抑或后果考虑的抉择问题，而是因贪图利益而牺牲人格志节的问题。详见本书后述的对比和讨论。

对。但他并未停留于此。他更强烈的立场表现在对宋牼的责难上。宋牼秉持着类似墨家非攻的理念，辛苦奔走，要为楚秦两国分析交战的利弊得失，却遭孟子批评其志向虽然伟大，游说的理由却不当。孟子指出，就算游说成功、双方罢兵了，反而会强化全国上下"怀利以相接"之心。他要求宋牼改以仁义来游说，让全国上下都"怀仁义以相接"（《孟子·告子下》）。

这一对话的重大意义在于，孟子已经扩张了其义利之辨的适用范围。他不仅反对国君为贪图利益而战，宋牼这个好人从利弊得失去劝和，他竟也反对。然而，不容混淆的是，"贪图利益"乃是一种价值选择，"衡量利弊得失"却是一种思维方式。前者将利益当作一种目的价值来拥抱；而后者只是在作出决策之前的考虑过程中，工具性地将利益当作计算或比较的单位，它的目的乃是衡量得失、机会和风险，当事人未必就将利益视为目的价值来信仰或委身。

譬喻来说，"贪图利益"指向一种鉴赏层次的个人直接经验，它期待品尝利益的滋味和果实，它满嘴油腻、连啃带舔地想要拥抱利益所带来的快感和饱足。而"衡量利弊得失"却是在个人直接经验之外的一种超然而疏离的技术取向活动。它不直接给你利益的滋味和果实，只是对利益的滋味和果实作出属于"工具理性"的客观分析。①

---

① 笔者这一段落的灵感来自科学哲学家内格尔（Ernest Nagel）。他将价值判断区分为两种："赋予特质的价值判断"（characterizing value judgments）与"作出评价的价值判断"（appraising value judgments）。前者是对某些众所确认的特质，在一种既定场合呈现或不呈现的程度，表达出一种估算或评定（estimate）。至于后者，则是由于个人委身于某个道德或社会理念，而对某些道德或社会理念，或某些行动或制度，表达出赞扬或责难的语词或态度（Nagel, 1968: 104—105, 107）。这当然与笔者所讨论的对象有所不同，但精神上却十分相近，可以作为一种有用的譬喻。

这充分揭示了一个重大关键，即以"衡量利弊得失"为思维方式的人，未必在衡量之际怀抱有"贪图利益"之心；而反过来，"贪图利益"的人，也未必在贪图之际秉持"衡量利弊得失"的思维方式。前者如追求兼爱、非攻和万民福祉的墨家及宋牼；后者则如许多因贪婪而失去理智的人，他们经常因眼前的利欲熏心而不顾后果。

孟子的一概反对，确实呈现了最具代表性的"以义斥利"类型。它最强烈的特质并不只在于反对"贪图利益"，而是即使你从不"贪图利益"，但只要诉诸"衡量利弊得失"的工具理性，并以其来作为决策或行动的依据，都会如宋牼一般遭到孟子的责难。虽然我们不能说孟子将"利"都视为恶，但至少在此，"义"这一概念其地位得到大幅提升。它不只是一种赖以信仰和委身的目的价值，也彻底干预介入、凌驾并支配了属于工具理性的思维方式；它要求完全站在动机或存心的层次，只问"义当为与不当为"（程颢、程颐，1966：卷十七），拒斥以结果层次上的理性计算、机会和风险的评估，来进行决策或行动。

无怪乎学者普遍认为，孟子表现了康德式的"义务论伦理学"（李明辉，1990：147—194；2001：45—47）。[①] 也就是说，要在动机或存心上纯粹地诉诸仁义本身的说服力；并且，认定行为是否道德的关键，不在于其结果，而在于动机或存心（杨国荣，1993：112—113；谭宇权，1995：362）。孟子和康德都相信，道德直接诉诸人们的良心律，则是完全不需要理由的驱迫与无上命令，其本

---

① 　笔者必须承认，这个看法是有争议性的。譬如黄进兴就认为，孟子的四端说基本上是以"道德情感"为出发点，并且还将这一特色表现得最清楚。而这与康德将道德建立在先验的普遍理性上根本不同，也还落在"道德他律"（moral heteronomy）的范畴。因此，对于将孟子的思想概括对应于康德模式概念的做法，黄进兴并不能接受。（黄进兴，1994：4—24）

身就有要求遵行的内在感召力。动机或存心上的"应该"（Sollen）乃良心的呼声，而随良心之呼声而后的反应，则是一种属于自由选择的"愿意"（Wollen）。它换来的是内心的无比安宁（邬昆如，1975：450）。

在孟子批评告子的"义外"之说时，已经为上述立场奠定基础了。告子声称，尊敬长辈的原因就在于其年长，不论是楚人的长辈或自己的长辈，都出于年纪这一外在事实。这意味着"义"是由外缘引发的，或者说受到了外在因素的影响。但孟子不以为然。如果"义"乃出于年纪这一外在事实，那为什么我们不会去尊敬年长的马呢？后来，在答复公都子时，孟子说得更确定了。虽然尊敬长辈的先后与方式，会因外在环境和不同对象而有所差异，但对于何人与何时该如何尊敬，这种"因时制宜"的当下判断[①]，关键还是来自内在的心（《孟子·告子上》）。

孟子的这一回答，其实对《中庸》所谓"义者宜也"作出了最佳诠释。因为，对于何人与何时该如何尊敬，这种因时制宜的当下判断，正是"义"的核心课题。而这一"适宜性"的判断，孟子相信，乃根源于内在的心，而非依缘于外在条件。（黄俊杰，1986：125；2006：123—124）"君子所性，仁义礼智根于心"（《孟子·尽心下》）。孟子故而归结，"义"非由外铄我也，乃"我固有之"。（《孟子·告子上》）

对此，黄俊杰称之为"价值内在"的默认（黄俊杰，1986：127）。但在笔者看来，其更深刻的意涵，毋宁是将"义"视为其

---

① 此处所谓"因时制宜"一词乃根据于朱熹。对于孟子所说的"庸敬在兄，斯须之敬在乡人"，他的注解是"庸，常也。斯须，暂时也。言因时制宜，皆由中出也"（朱熹，1952：卷六，《告子章句上》）。

自身最完整的理由，它不假任何外在的、经验性的因素来加以"证成"（justification），当然，更无须诉诸结果层次的利弊得失，或墨家那一套所谓的报应。好人最幸福的酬偿，即他是一个好人；坏人最悲惨的报应，即他是一个坏人。善其本身，就是给坚持它的人的最大满足；恶其本身，也是给拥抱它的人的最大惩罚。无论是善或恶，都是它们自身存在最充足的条件。善，已经是最美好了，何须结果层次上的善报？恶，就已经最悲惨了，不必计算加减后是否有恶报。

孟子在思维方式上的这一态度始终旺盛，毫无妥协。"义"既然在道德上自足，又基于"价值内在"而自我证成，那么决策所依据的判断当然就只在于动机或存心上的善。① 因此，无论经验世界的现实如何困难，都要"义"无反顾地予以超越。典型的一个例证是，某次孟子提出了若干轻赋税的主张，宋国大夫戴盈之表示现阶段有困难，询问可否采取渐进的和缓方式，来年再落实。这样一个权宜性的考虑，从现代的政治决策来看是再合理不过了。但孟子却不客气地讽刺道，有人每天偷邻居一只鸡，被批评为"非君子之道"，他于是说那就逐步改善吧！现在先改为每月偷一只鸡，等到明年就不再偷了。孟子申言："如知其非义，斯速已矣，何待来年。"（《孟

---

① 笔者在本章中将一再地从所谓的"动机或存心"上来解析孟子，但必须说明的是，它并不是儒学中的"心性"概念。儒学对于"心性"的看法一直存在着分歧和争论，笔者在此无意介入。但基本上，"心性"概念是对人的性情或性格特质的一种总称，广义地包括有理性、气（欲望）或道德情感。"动机或存心"只是其中的一个分析层次或观察面向而已！既不能等同，也不是源自儒家的"心性"概念。本章所谓的"动机或存心"乃取迳于韦伯对"信念（或译为存心）伦理"与"责任伦理"的区分脉络。前者是指行动只忠于动机层次上的良知信念，不考虑行动的结果；后者则恰相反，行动根据于后果层次上的利弊得失判断，并依此来评断相关当事人承担的责任。更多的细节请详见下一章的讨论。

子·滕文公下》）这则对话的意涵非常强烈，彻底表露出"义"纯粹乃一个道德是非的问题，在思维过程中，它只有对错与否的当下抉择，完全没有诉诸现实上手段与目标、策略与步骤、机会与风险，或是后果的利弊得失之类的空间。

从上述的整个分析可见，在义利之间，无论是目的价值的选择，抑或是属于工具理性的思维方式，孟子明显铺陈了几乎没有妥协余地的二元对立格局。他甚至以殉道的精神来坚持"义"的绝对性。所谓："生亦我所欲也，义亦我所欲也，二者不可得兼，舍生而取义者也。"（《孟子·告子上》）他还要求国君"行一不义，杀一不辜，而得天下，皆不为也"（《孟子·公孙丑上》），这充分意味着，即使为了再伟大的成就，都不容有半点对"义"的污染。

二、条件模式："先义后利"

当然，孟子如此"高浓度"的"以义斥利"类型，引致了许多争议。司马迁读《孟子》时屡次"废书而叹"（《史记·孟荀列传》），大概也是有感于此。可想而知的是，若干试图予以平衡或协调的论述因应而生。事实上，在孟子的言论中，不仅有所言"利"，而且占了很多篇幅。譬如，他极为重视民众的利益，大声疾呼国君必须养民，要"制民之产"；他还细心规划了国君照顾老百姓利益的具体做法，包括"不违农时……数罟不入洿池……斧斤以时入山林"，俾能留下可供人民取用的自然资源。此外，"五亩之宅，树之以桑"，让"五十者可以衣帛矣"；还要"鸡豚狗彘之畜，无失其时"，为的是"七十者可以食肉矣"。他更从税制着手，主张推行什一的亩税制，以减轻小农的经济负担。（《孟子·梁惠王上》）

　　从这些诉求来看，怎能说孟子不言"利"呢？然而，他不是一再申言"何必曰利"，并在义利之间，无论是目的价值的选择，抑或是属于工具理性的思维方式，都铺陈了几乎没有妥协余地的二元对立格局吗？面对孟子这两种似乎相反的思想取向，我们该如何协调与解释呢？

　　不只如此，让我们更为困惑的是，孟子屡屡诉诸称王于天下的功利效果，来说服国君施行仁政。所谓"不嗜杀人者能一之"；"老吾老，以及人之老；幼吾幼，以及人之幼。天下可运于掌"（《孟子·梁惠王上》）；"怀仁义以相接也。然而不王者，未之有也"（《孟子·告子下》）。甚至，孟子还对统治者诱之以战争的胜利。"以天下之所顺，攻亲戚之所畔；故君子有不战，战必胜矣。"他还说道：

　　　　尊贤使能，俊杰在位，则天下之士皆悦而愿立于其朝矣。市廛而不征，法而不廛，则天下之商皆悦而愿藏于其市矣。关讥而不征，则天下之旅皆悦而愿出于其路矣。耕者助而不税，则天下之农皆悦而愿耕于其野矣。廛无夫里之布，则天下之民皆悦而愿为之氓矣。信能行此五者，则邻国之民仰之若父母矣。率其子弟，攻其父母，自生民以来，未有能济者也。如此，则无敌于天下。（《孟子·公孙丑上》）

　　孟子类似的言论甚多。然而，他不是强烈反对衡量结果上的利弊得失，要求完全站在动机或存心的层次，只问道德上的"该不该"

或"义当为与不当为"吗？其中的矛盾又该如何协调与解释呢？ ①

　　属于"条件模式"的"先义后利"是第一种协调与解释。它最纯粹的特质是仍保持了义利之间的二元格局，但强调两者不是"非此即彼"的取代和对立关系，而只是一种价值优位上的轻重缓急而已。无论是国君或百姓，在积极实现或消极不牺牲"义"的前提条件下，都可以去追求"利"，而且不拘是公利抑或私利。特别要提醒的是，在动机或存心的层次上，"义"和"利"两者都是这一类型所同时承认和肯定的。这一点与前述的"以义斥利"类型大有不同。

　　孔子在这一方面的态度应该是最明显的。孔子说"义然后取，人不厌其取"，"不义而富且贵，于我如浮云"；又说"富与贵，是人之所欲也；不以其道得之，不处也。贫与贱，是人之所恶也；不以其道得之，不去也"（《论语·里仁》）。无疑，这些话都肯定了财货和地位上的利得，只是要求必须以合乎"义"为前提条件。

　　孟子的立场似乎就是如此。他曾经辩护自己的富泰乃得之以道：若"非其道，则一箪食不可受于人；如其道，则舜受尧之天下，不以为泰"（《孟子·滕文公下》）。当然，不仅是对于富贵的追求，即

---

① 伊诺（Robert Eno）曾提出一种特别见解，认为《孟子》一书主要想表达的不是具有哲学一致性的道德理论，而是要凸显孟子这一大人物和贤哲作为道德权威的性格特质。它要强调的是道德典范，不是道德规则。伊诺指出，《孟子》一书中充斥了对道德问题的各式诡辩（casuistry）。其中许多对话毋宁是特定个案式的（case-specific），在解释上也会因不同的上下文脉络而有微妙的变化（context-sensitive）。（Eno, 2002: 7—8, 189—190, 193, 195—198）伊诺相信，在这些对话中，重要的不是在倡导道德理据（arguments），而是在"说故事"（to tell the story），告诉我们有关孟子这一人物的多方面真相（Eno, 2002: 208）。如果伊诺这种看法是正确的话，那么，拙著在以下篇幅中试图寻找孟子论述的一致性就变得多余，甚至是错误了。不过笔者认为，伊诺所见恐怕是先认定了孟子论述的矛盾性，而后提出对这些矛盾现象的解释。《孟子》一书固然在凸显人物的典范性，但建立道德规则应该也是其主要目标。因为，若论述缺乏哲学上的一致性，将会严重折损典范人物的道德慑服力。

使是穷人为谋求基本的餐宿，也必须在合乎道德的前提下取得。事实上，正是孟子自己提到了"后义而先利"这几个字（《孟子·梁惠王上》），反向而推论，他应该也有"先义而后利"的观念。

从"先义后利"来解释孟子的学者有不少。典型的如李明辉，他就批评柏杨将孟子的义利之辨视为"互相排斥、尖锐对立"乃"严重的误解。因为在肯定'义'的前提下，孟子并未反对人民对于'利'的追求；他甚至将满足人民生活的基本需求视为王道的起点"（李明辉，2002：11）。他更明白地说道，孟子义利之辨的主张，就是"义"对于"利"的优先性——先义后利；而在肯定"义"的前提下，"容许，甚至往往要求对于'利'的追求"（李明辉，2002：9）。

另一位学者袁保新在讨论了李明辉和蔡信安的辩论后，同样指出，虽然在《孟子·梁惠王上》中，记载了孟子从现实利害的分析来鉴别"义"与"利"的不同，但是：

> 与其理解为是根据功利主义"最大效益原则"所做的区分，毋宁说是孟子在表达"义"与"利"的关系是先后本末的关系，并且选择"义"不见得就是否定"利"。……孟子在"义利之辨"的思考中，并无意否定"利"，只是强调"利"的追求应该以"义"为原则，亦即"先义后利"的立场。（袁保新，1992：150）

这种"先义后利"的诉求有一个特点，即它不是在反对或否定"利"，而只是主张"义"相对于"利"的优先性。就以财货和地位上的富泰或贫贱为例，"先义后利"真正要凸显的是，在富泰时要好礼，而贫贱时仍要坚持自我的道德尊严（《论语·学而》）。利得固然重要，但道德人格更宝贵。毕竟，富泰是生命中可遇而不可求的偶然。面对仕海与穷达的浮沉，宁可选择立根于人格和心志，就是"志于道，据于德，依于仁"（《论语·述而》）。难怪"子罕言利，与命，与仁"（许又方，2002：40）。因此，人的一生若是显达，要富泰而不骄（《论语·子路》;《论语·宪问》），要"无众寡，无小大，无敢慢"（《论语·尧曰》），并积极地乐善好施。但若是穷困，则要效法颜回，即使在最恶劣的物质条件下，仍充分体现道德光辉；万万不可"穷斯滥矣"（《论语·卫灵公》）! 用孟子的话来说，就是"穷不失义，达不离道。⋯⋯得志，泽加于民；不得志，修身见于世。穷则独善其身，达则兼善天下"（《孟子·尽心上》）。

值得注意的是，孟子之所以并不反对或否定"利"，而只是主张"义"相对于"利"的优先性，固然有若干原因，但其中一个至为关键的考虑是，孟子认为人民若未能在"利"上有基本程度的满足，将会导致他们在"义"的实践上出现困难。这一点在其养民论中流露无遗。笔者必须强调，养民诉求在孟子思想中的意义，绝非只是反映他如何重视民生利益而已! 更重要的是，借此他将民生利益与道德教化联结了起来。

孟子一再宣称，若无恒产，则无恒心；而"苟无恒心，放辟邪侈，无不为已"。"是故，明君制民之产，必使仰足以事父母，俯足以畜妻子，乐岁终身饱，凶年免于死亡。然后驱而之善，故民之从之也轻。"否则，"惟救死而恐不赡，奚暇治礼义哉"! （《孟子·梁惠王上》）在另一处地方，孟子又说道："易其田畴，薄其税敛，民可使富也。⋯⋯圣人治天下，使有菽粟如水火；菽粟如水火，而民焉有不仁者乎。"（《孟子·尽心上》）

这些论述很类似管子的"仓廪实则知礼义，衣食足则知荣辱"（《管子·牧民》），也颇为符合马斯洛（A. Maslow）的需求阶层理论。人总是先得求温饱、安全，然后才能更上一层楼，寻求友谊、爱情，以及自我实现的满足。而道德仁义正属于自我实现的层次。在一般情况下，穷困确实让人难以保有足够的自觉尊严，而自觉尊严正是抱持道德仁义之"情怀"所不可或缺的心理状态。许多人经常因迫于基本匮乏和生存威胁，以致铤而走险、作奸犯科。这不正是董仲舒所谓的"大贫则忧，忧则为盗"（《春秋繁露·度制》）吗？

无论是孔子或荀子，都曾倡言国君要富民，要重视民生利益；但唯独孟子将民生利益与道德仁义联结了起来，认为基本的民生利益之满足乃道德仁义的前提条件。这一主张是别具意义的。因为借此，孟子在民生利益与道德仁义之间，竟然建构了一种"先利后义"的关系。这真是一种吊诡的演变。孟子原本立足于"先义后利"，阐扬"义"相对于"利"的优先性，要求在合乎"义"的前提条件下追求"利"。结果，却在发展之际论证出某种"先利后义"的必要性，即在基本的民生需求上，主张"利"相对于"义"的优先性。它要求在起码的生活利得已获满足的前提条件下，"然后驱而之善，故民之从之也轻"。

当然，这里的"先义后利"和"先利后义"两者在范围与层次上都有所不同。首先，"先利后义"仅仅局限于脱离匮乏和贫穷的基本民生需求。它们固然是一种"利"，但对孟子而言，毋宁更是一种"人道"，用以维持起码的生存尊严。它们虽是道德仁义的前提条件，但绝不意味随着利得的增加，其对提升道德仁义的"边际效用"也会递增；甚至可能是相反的，"大富则骄……骄则为暴"（《春秋繁露·度制》），是以"盘庚萃居，舜藏黄金"（《盐铁论·本议》）。总而言之，孟子的"先利后义"只是局部性的原则，绝非可以普遍性地主张和适用。

其次，"先义后利"中的"利"，基本上属于动机或存心的层次。只要合乎"义"的前提条件，行动者对于"利"的追求，甚至可以被容许是出于个人的自利心。但"先利后义"中的"利"，在孟子的脉络中却是属于"义"的结果的，即它乃受惠于统治者的照顾，或者说，是国君出于动机或存心的"义"——爱民、恤民、施行仁政——所顾养和给予的一种恩德，并非民众基于个人自利心所追求的结果。用朱熹的话来说，孟子要求的是"凡事不可先有个利心，才说着利，必害于义。圣人做处只向义边做，然义未尝不利，但不可先说道利，不可先有求利之心"（朱熹，1970：卷五一，《孟子一》，《梁惠王上》）。

整个来说，孟子的义利之辨虽存在若干属于"条件模式"之"先义后利"的成分，但若以之来加以定位，恐怕是稍嫌粗糙的，它在解释力上有所不足。一来是孟子在发展"先义后利"之际，竟论证出某种"先利后义"的必要。虽然它只是局部性的原则，仍构成了以"先义后利"来定位孟子的障碍。二来是"先义后利"只强调了义利之间一种轻重缓急的关系，未能更细腻而深入地触及行动者在动机或存心上的差异。孟子所肯定的民生利益只能是"义"的结果吗？或者，孟子根本可以肯定人的自利心？[①]笔者要再次强调，这一"动机

---

① 依笔者所见，真正对于自利心的肯定，必属亚当·斯密的那种论调。他说，许多富有的商人"依照天生自私且贪婪的个性"所追求的，只是"他们的虚荣与无法满足的欲望"；"我们期待的晚餐并非出于肉贩、酿酒人或面包师傅的善心，而是出于他们对自身利益的关心。我们不是跟他们的仁慈，而是跟他们的自私打交道"。但是亚当·斯密相信，即使如此，自私和贪婪仍受到"一只不可见的手"引导，迈向"全社会的利益"。（Sen，2001：302）这种将社会利益看成只是个人利益的加总的"利益调和论"（Bentham，1967：126），显然是孟子无法接受的。

或存心"与"结果"之间的辨明，始终是孟子的义利之辨最在意的核心课题。而对此，"先义后利"的类型却无法处理。

三、化约模式："义即公利"

进一步，除了属于"条件模式"的"先义后利"外，第二种企图平衡或协调"以义斥利"类型的解释，就是属于"化约模式"的"义即公利"。它最纯粹的特质是打破了义利之间的二元格局，强调两者不仅既非对立，也非先后的关系，甚至在概念或实质上存在着很大一部分的交集、等同或类似性，因而能够以某种程度或形式来互相化约、转换或融合，各自的词汇或意涵也可以彼此对译、说明。

属于这一模式的最典型论述，即声称孟子所反对的乃私利，而"义"即是公利或天下之大利。[①]考察历史，北宋的程伊川就已经表达了这样的立场，所谓"义与利，只是个公与私也"（程颢、程颐，1966：卷十七）。事实上，在整个宋明时期，义利之辨就一直围绕着这一问题而打转，认为明义利就只是别公私。即使到了清代的新注经典，刘宝楠仍主张"小人利而后可义，君子以利天下为义"；张德胜正确地指出，此处的意涵就是"公利"能够与"义"融合（张德

---

① 所谓的"公利"，其定义颇有分歧。它有时是指古典自由主义式的个人利益之加总，有时是指民主制度式的个人利益之交集或多数人的决定，有时则是指卢梭（J. Rousseau）式超越个人的"公意"（the General will）或黑格尔（Hegel）式的集体主义。至于"大利"是一种比较的结果，它同样在使用上有很多分歧。它可以是相对于个人或少数群体之"小"利的"大利"，也可以是私人利益在比较后的"大利"，还可以是多种公共利益在比较后的"大利"。遗憾的是，大部分讨论孟子义利之辨的学者，对于这些相关的概念少有明确的厘清，通常都混用，或只是笼统地表达出公私之分而已。但吊诡的是，这样的混用和笼统，反而使"义即公利"的类型得到更大的扩张空间。

胜，2002：29）。民国以后，这一理解的趋势仍没有改变，譬如胡适就说道：

> 孟子所攻击的"利"字，只是自私自利的利，大概当时的君主官吏都是营私谋利的居多。这种为利主义，与利民主义绝相反对。⋯⋯他所主张的"仁义"，只是最大多数的最大乐利。（胡适，1976：22）

近来，不计其数的学者抱持类似看法，其中，最有代表性的当属《士商互动与儒学转向：明清社会史与思想史之一面相》一文，该文作者认为："就道德意义说，儒家大致认为义利之分即公私之分。君子以公为心，故喻于义，小人以私为念，故喻于利。"而即使是明清之际的商儒合流，"以'公'、'私'判断'义'、'利'的儒家原始义并未丧失"。此外，杨国荣同样说道："义超越了个人的特殊利益，具有普遍性的特点：它所体现的，乃是普遍的公利。"（杨国荣，1993：115）龚群和焦国成也认为，孟子反对的是"当时人们汲汲追求的财富之利或权利之利等个人私利和眼前利益。⋯⋯他所谈之仁义，正是国家长治久安之大利"（龚群、焦国成，1997：129）。

这些看法虽言之凿凿，却在根本基础上面临两个不小的问题。首先，"利"的公私之分非常模糊。譬如一个家庭，它相对于个人是"公"，但相对于社会却是"私"；再譬如政党，它相对于党属官员是"公"，但相对于国家却是"私"。这意味着"公利"这一概念有其相对性，当从不同的位阶角色与立场来看它时，它可能会变成"私利"。梁惠王"何以利吾国"的诉求，相对于臣下追逐个人权位的贪婪，孟子其实应当将它视为"公利"；但相对于整个以周天子为核心的封建体制，或天下和平，它则变成十足的"私利"了。齐宣王的图谋霸业，秦始皇的一统天下，何尝不也是如此？其中都有位阶角色与立场的相对性问题。

另一方面，某个所谓"公利"的内容，经常是若干"私利"某种程度或形式的交集、加总或抽象归纳；特别是它的产生方式，往往诉诸权力、资源或人头的多数优势。这意味着"公利"在成分上经常包含或夹杂着或多或少的"私利"。梁惠王"何以利吾国"的诉求，当然可以视为"公利"，但在孟子看来，它其实包藏了梁惠王一己的欲望满足和自私。同样，齐宣王的图谋霸业、秦始皇的一统天下，乃至许多政治人物的爱国为民，当然在某种意义上也都是"公利"，但其中又无可置疑地包含夹杂了许多人的野心和"私利"。[①]

既然"利"的公私之分如此模糊，仅仅是将明义利当作别公私，不仅在实际运用上会遭遇困难，恐怕还将引致颇为严重的非议。因为"公利"这一概念的相对性，以及其在成分上包含夹杂了"私利"，这在相当程度上解释了为什么许多所谓的"公利"被认为是不义的、掠夺的，是强者的利益、伪装的道德。或许，孟子未曾明确区分"利"的公私[②]，正是有鉴于此。当然，这只是猜测，没有证据，

[①]　对于公利与私利之间的模糊性，陈大齐有与笔者类似的看法。他说："一件具体的利益之为公为私，时或因观点不同而可以异其判别。公是积私而成的。一群人的公利是群中各个人私利的集合。故群的公利，在各个人自己看来，未尝不可谓为其人的私利。公所由以积成的私，其数量多寡不等，因而构成若干高低不同的层级。某一层级的公利，在本层级或其所摄的较低层级看来，固不失为公利，在能摄的较高层级看来，不免只是私利。故在此可认为公利的，在彼容或只能认为私利。在此可认为私利的，在彼可能认为公利。"而他也同样得出结论："以公利、私利为义利的分别标准，证以孟子的言论，尚难谓为适切。"（陈大齐，1987：284—285）

[②]　孟子明确区别公、私似乎只有在谈到井田制度时，他引用了《诗经》之言："雨我公田，遂及我私。"（《孟子·滕文公上》）但真正引进公私观念的，学者一般认为应该是荀子（黄勇，1998：35—36；黄俊杰，1986：137—139）。

但至少我们可以同意李明辉的看法，在孔孟思想中，"纵然也隐含公利与私利之分"，但这一区分并非基本的，只有"义利之辨才是基本的、原则性的区分"（李明辉，1990：155）。[①]

　　除了"利"的公私之分非常模糊外，另一个更大的问题是即便孟子所谈的"利"确实有公私之分，又即便孟子有重公利而轻私利的情形（陈大齐，1987：282），但凭什么断定"义"即是公利？这种断定的危险之处，在于它基本上认为，"义"与"公利"在概念上有可以等同的内在义理，至少有很大部分的交集；或者，这两个概念在外延对象上有类似，甚至相同的指涉。因而它们能够以某种程度或形式来互相化约、转换或融合；各自的词汇或意涵也可以彼此对译、说明。

　　为了验证这一点，让我们回头去分析儒家脉络中的"义"和"利"的概念。先从概念的内在义理来说，"义"即是"宜"，是正当或道理（劳思光，1997：113）；朱熹同样也解释"义是事事要合宜"（朱熹，1970：1931）；它为"心之制、事之宜"，是"如何适当便如何做了"（杨一峰，1968：3）。[②]这明显是属于伦理的范畴。而反

---

① 李明辉特别指出，在康德的自律伦理学中，道德与幸福的区分同样是一项基本的区分，无关乎自身幸福与他人幸福之区分。并且他相信，这足以使我们了解，何以孟子的义利之辨无关乎公利与私利之分。（李明辉，1990：192）

② 对于"义"与"宜"的关联可能会有争论。当然，"义"可以有别的意涵，譬如它指的就是正道、正理（《孟子·公孙丑上》;《孟子·离娄上》），也可以指行为的法则或标准，或是意涵、道理。但在儒家的脉络中，它大抵上就是"宜"，即适当的、合宜的道理或行为。东汉刘熙的《释名》也说道："义，宜也。裁制事物，使各宜也。"值得注意的是，它可以是道德意义上的"宜"，表现出来即是所谓的"善"，语意上有些接近英文中的"righteousness"。但另一方面，它却也包含了实践或理性意义上的"宜"，表现出来即《中庸》所说的针对情境与场合的因时制宜之当下判断。朱熹在注释《孟子·告子上》时，就如此论述（朱熹，1952：卷六，《告子章句上》）。其意涵接近英文中的"propriety"，可参信广来对该词的使用（Shun，1997：56）。还有学者将孟子的"义"翻译成"appropriate"（Behuniak，2005：54—55），其中的道德含义就少了许多。

观"利"，包括了公利，诚如许又方所研究的，其内在义理就是益处或好处（许又方，2002：35—42）。毋庸置疑的是，它属于效果的范畴。在这样的对比下，试问，"正当"与"益处"能够在词汇或意涵上彼此对译、说明吗？

再从概念的外延对象来说，"义"所指涉的乃"仁"这一心性本体，在各种不同情境与相互关系下所作出的那些合宜之判断。反观"公利"，其所指涉的乃某种有形或无形的资源、财货、地位或劳务，只要它们能带来群体的益处或好处。试问，由"仁"而发的道德判断，可以化约或转换为这些有形或无形的资源、财货、地位或劳务吗？或者，彼此交融吗？

这两个提问的答案，明显都是否定的。无论是就概念的内在义理还是外延指涉而言，"义"与"公利"都是两个分属的范畴。它们既不能彼此化约（李明辉，1990：151—152，185，187），也无法互相转换，或是所谓的交流融合。借用库恩（T. Kuhn）的概念来说，在"义"与"公利"之间存在着"不可共量性"（incommensurability），即它们是殊类、异质的，在各自框架下的词汇无法正确对译，概念所表达的意涵也不能彼此说明。

正确来说，只有在墨家，其"义"的概念才能化约、转换或融合为天下之大利。因为墨家所言的"义"，甚至"兼爱"，都不是一个内在的道德概念。而孟子却刚好相反，"义"在其思想脉络中，完全位于动机或存心的层次，它只问道德上的该不该、当为与不当为；而"利"却属于外在和结果的层次，它必须借由理性计算和得失分析，才能判断有多少益处或好处。在这种情况下，即使认定孟子多么重视公利，都不能将"义"视同公利。因为，这将导致"义"这一道德概念被消解，化约、转换或融合成"利"的一种。

而这种将"义"消解掉，化约、转换或融合成"公利"的情形，并非笔者的想象和多虑，它在蔡信安的论述中全然发生了。他一再声称，孟子采取效果论——非义务论——伦理学的方法，"从不具有道德价值的事物或状态去导衍道德价值"（蔡信安，1987：140）。至于道德行为的判准，他认为孟子所采取的就是"最大效益原则"。而蔡信安根据的理由，即"义"指的是公利。他说道：

> 孟子只不过把梁惠王所提的"利"诠释着"私利"，就是指行动者的私利。……所以孟子认为"私利"不足以当作行为抉择的标准；采取整体论的立场，以整体的利益当作真正的行为抉择标准。而他提出"仁义"作为抉择的理由也就是放在"公利"的标准下来陈述伦理判断的合法性和可行性……所以行为的标准在于"整体的"善。（蔡信安，1987：139）

既然孟子将公利视为"整体的"善，那当然就是采取"最大效益原则"来证成行为的价值了。

蔡信安又以"独乐乐不如众乐乐"来论证，他指出，孟子责怪齐宣王"独乐乐"的不当"不是以该行为不合乎'道德'或'仁义原则'，反而是以快乐者的数目去证成"。这同样是以一个非道德性的状况去证成，"以'最大效益原则'去否定该行为的'合法性'或可接受性"（蔡信安，1987：140）。

无论我们是否赞同这样的立场，恐怕都必须承认，如果"义即公利"，蔡信安上述的论证不只是言之成理的，似乎也难以被推翻。因为"利"确实属于外在和结果的层次，它必须借由理性计算和得失分析才能判断有多少益处或好处；而某一个事物或状态是否为公利，又总是以"最大效益原则"为判准的。如此一来，孟子就不得不属于效益主义阵营的一员；而"义"这个概念存在与否，意义已经不大了，因为最终还是以整体的最大效益来断定。这样的发展，是否符合孟子义利之辨的原旨呢？这肯定有很大的争议，但无论如何，它应该是那些倡言"义即公利"的学者所始料未及的。

四、因果模式："义以生利"

撇开有这么多问题和危险的"义即公利"，第三种企图平衡或协调"以义斥利"类型的解释，可以称之为属于"因果模式"的"义以生利"。或许，它会比较符合孟子的原旨。它强调的是"义"能够衍生出"利"的结果；而这个"利"可以是私利，也可以是他利或公利。前者譬如国君施行仁政于四方，致使"邻国之民仰之若父母"，它带来的结果是"无敌于天下"。后者则可以法官的公正清廉为例，他所履践的"义"带来了受害者实质的"利"；又譬如国君因哀怜百姓而轻赋税，它的结果是"民可使富也"（《孟子·尽心上》）。

"义以生利"的类型经常与"义即公利"一起出现，但其实被混淆了。首先，后者排除了私利，而前者，就其最纯粹的类型来说，并不刻意作出"利"的公私之分。其次，"义即公利"打破了义利之间的二元格局，强调两者能够以某种程度或形式来互相化约、转换或融合；各自的词汇或意涵也可以彼此对译和说明。但"义以生利"却避免了这样的化约、转换或融合，也不认为"义"与"利"在概念和实质上存在着任何交集、等同或类似性。它维持了两者各自独立的二元格局，只强调了存在着一种外在的衍生性因果关系。[①]

　　而这一点当然也是它与"先义后利"类型不同之处。后者并不去探究义利之间有没有因果关系，只强调一种价值优位上的轻重缓急。对于"利"的取得，只要在合乎"义"的前提条件下，当事者就可以有动机或存心，也需要采取必要的实践行动。但在"义以生利"的类型中，却强调只要追求"义"，自然"利"就随之而来了。因此，对于"利"的获得，当事者既不需要，也不容许有动机或存心。事实上，逐利这一行动是被取消的。但这不是将"利"的概念化约为"义"的一种，而是它作为一种随着"义"的实践而衍生的产物，在动机或存心的层次上并不需要存在。事实上，也不容存在，否则变成以"利"存心，就不再是"义"的结果了。

　　这种"义以生利"的论述同样由来已久。黄俊杰引用《左传》认为孔子已经主张"义以生利"，并且，这正反映了春秋时人的普遍看法，即相信"义以建利""信载义而行之为利""义，利之本也"。（黄俊杰，1986：117—118）[②]到了宋朝，司马光也说道："夫唯仁者为知仁义之为利。"这并非将"义"视同于"利"，而是意指子思回

[①]　值得一提的是，某学者针对明清商人所提出来的"新义利观"，与本书的"义以生利"似有若干相近："以义诎利，以利诎义，离而相倾，抗为两敌。义主利，以利佐义。合而相成，通一为脉。"但其强调的是双向的，不只"是诵习之际，利在其中矣"，还"是货殖之际，义在其中矣"；"承认'孳孳为利'的商人也同样可以合乎'义'"；"义中有利，利中也有义"。这种"以利生义"的内涵恐怕是孟子所无法接受的。另外，张德胜称此"新义利观"为"义利交融"（张德胜，2002：26），则又显然与本章所说的"义以生利"不同。因为，"交融"两字强烈意指义利之间能以某种程度或形式来互相化约、转换或融合，它明显属于义利一元的格局。

[②]　不过必须声明的是，黄俊杰对孟子的诠释游走于"义即公利"和"义以生利"之间。他一方面将"义以生利"的"利"局限在公利；但另一方面，却又认为"义"与"公利"不能化约（黄俊杰，1986：117）。

答孟子的话，"仁义固所以利之也。上不仁则下不得其所，上不义则下乐为诈也。此为不利大矣！故易曰：利者，义之和也。"（司马光，1983：卷二，周纪显王三十三年）朱熹则一方面将义利之辨视为乃"天理"与"人欲"的区别，另一方面，为了解决"去人欲而存天理"在实践上的困难，因而提出了"利在义中""义兼得利"的说法，强调"利是那义里面生出来底，凡事外制得其宜，利便随之"（黄勇，1998：34）。到了清朝时期，崔述的立场也是如此，他认为孟子所言乃"义中之利，非义外之利……永远之利，非一时之利"（崔述，1963：卷上，孟子事实录）。而这里所谓的"义中之利"，就是指"义"的实践内含了"利"的效果。

剖析这一类型的整个立场，其关键处是强调义利之间在实践上的背反。朱熹早在注释《孟子》之际就已经流露出一种观点，即"循天理，则不求利而自无不利；徇人欲，则求利未得而害已随之。……君子未尝不欲利，但专以利为心则有害。惟仁义则不求利而未尝不利也"（朱熹，1952：卷一，《梁惠王章句上》）。这意味着孟子虽倡言仁义而不言利，但"不言利而利更有大焉"，或者说"仁义之为利，乃尤大耳"。（熊公哲，1968：137；136）若反过来，处处言利，最后得到的"究竟不是真利"（胡适，1976：22）？黄俊杰更明白地说道："义以生利"就是将"义"视为"所以求大利的正确途径"（黄俊杰，1986：117）。而最有代表性的论述，应该来自陈大齐。他说孟子所褐橥的乃"怀义必能致利，利是随义必来的。怀利反足以致害，利不是随利而至的"，"缘义以求利，利可必得。缘利以求利，利必不可得"。（陈大齐，1987：292，297）

为了证明这一点，陈大齐颇为详尽地分析了孟子言论中的"义以生利"。首先，是一方怀义所引致的他人的私利：

"未有义而后其君也"，意即义则不后其君。不后其君，是君的利。故在下者怀义，则国君必蒙其利。"分人以财，谓之惠"，在分人以财者，是惠，故亦是义。但在受惠者，则应是利。"君馈之粟"以周急，在君，是义，在受者，借以免死，亦应是利。这些利都是私利。故一方怀义，其所引致的后果亦可是对方的个人私利。（陈大齐，1987：289）

其次，是怀义者所造成的"自食其利"：

"爱人"、"敬人"是义，"人恒爱之"，"人恒敬之"，在返爱返敬者，犹是义，在受此返爱返敬者，则是利。怀义者引致他人的义，他人的义又反过来引致怀义者自己利。天爵是义，人爵是利。"修其天爵，而人爵从之"，亦足见修义的结果，得自蒙其利。（陈大齐，1987：290）

不只如此，陈大齐指出，孟子还将"义"所引致的后果与"不义"所引致的后果两相对照，更足以显示出"义以生利"的必然性。

"推恩"是义，其后果有"足以保四海"的利，"不推恩"是不义，其后果有"无以保妻子"的不利。"得道"是义，其后果有"天下顺之"的利，"失道"是不义，其后果有"亲戚畔之"的不利。（陈大齐，1987：291）

学者们上述有关"义以生利"的论说，对于解释孟子似乎很站得住脚。但其中却隐含有一重大陷阱。如果"义"被视为"所以求大利的正确途径"，或者在行"义"之时就已经抱持了"义"必能致"利"的企图，那"义"不就被工具化、沦为只是实现"利"的最佳手段了吗？它充分意味着"利"才是"义"背后真正的动机或存心。如此一来，岂不是又将孟子推入了效益主义的阵营吗？

骆建人就是这样一个代表，他直接将孟子从"义以生利"推向效益主义。他说，边沁（J. Bentham）"以为道德价值，在于多数人之幸福……以创造社会福利之多寡为个人生命价值评估之要件，殆亦近似孟子'大功利'之说矣"！但西方"功利主义发展之极端，乃有极端个人主义之泛滥"。而孟子高明的超越之处，是"不径称功利而言大仁义"，俾能"以仁义之名而行功利之实"。毕竟，"仁义可以涵盖一切功利之进行，而功利究不能取代仁义也"。（骆建人，1988：54—57）

骆建人这一解释，让人觉得似乎孟子在主张仁义之时，就已经心怀追求功利的企图了。仁义被视为追求功利的聪明途径，甚至只是达到功利的必要包装。尽管"义"喊得响亮，到头来还是为了遂"行功利之实"。

蔡信安则是另一种典型。他同样将孟子归入效益主义的阵营，但其主要的论证之一是孟子经常诉诸功利效果来说服国君施行仁政。他指出，如果仁义是目的，就要说明其价值，不应该将"工具性价值"的概念加上去。但孟子却相反地去对国君"诱"之以"利"。而且这个"利"不仅是能够继续当国君，更是"无敌于天下"（蔡信安，1987：139）。蔡信安说道：

《孟子》的读者都会有这种印象：他讲了许多性、心、仁、义，但是在证成行为上的道德合法性时，差不多都不引用心、性来证成行为。反而是以"利"即是"目的"来诱导人去做出某种行为。（蔡信安，1987：169）

他相信，这意味着"如果有一个大家共同需求的真正有价值的目的，则可以用它来证成行为上的道德合法性，也可以从它建构道德规则"。故而，蔡信安得出了一个结论："孟子对于行为的评价和抉择问题跟心性分开，将评价和抉择放进功利主义伦理学架构之中。"（蔡信安，1987：160）

上述骆建人和蔡信安的论述，恐怕都是大有问题的。蔡信安既然使用"诱"之一字，就应该体认一种可能性，即孟子对国君的"诱"之以"利"或许只是权宜性的策略，是为了能够增加游说的效果。毕竟，这些国君都是满脑子富国强兵的现实主义者。若投其所好可以提高他们施行仁政的意愿，何乐而不为呢？但这并不能被视为孟子某种基本的思想、原则或信念，也因此不可以用来"证成行为上的道德合法性"。如果笔者所假设的这种可能性是存在的，甚至是真确的，那么，蔡信安将孟子的功利诉求称为国君施行仁政的"目的"，似乎就属于过度推论了。

笔者绝对承认孟子对于"怀义必能致利"抱持着极为确定的态度，甚至认定其中存在着一种必然性。只要爱民、恤民、施行仁政，天下百姓归附，"孰能御之"？（《孟子·梁惠王上》）不只是"然而不王者，未之有也"（《孟子·公孙丑上》），更是"虽欲无王，不可得已"（《孟子·离娄上》）。孟子更将此看成一种历史定律，不仅商汤称王的经验是如此，桀、纣、幽、厉的情况也是一样。他们之所以"失天下"，就是由于"失其民"；而反过来，"得其民，斯得天下

矣"。(《孟子·离娄上》)

但无论"义以生利"再怎么样有必然性，或如何被预期，并作为游说的诱因，它都只是一种外在的衍生性因果关系。也就是说，不能像蔡信安那样，将属于结果的"利"用来"证成"行为的"义"；也不能像骆建人那样，将"利"倒位过来，变成"义"背后真正的动机或存心。[①]

在此，我们可以举个浅显的例子来进一步论证其中的差异。譬如，有一次某个女孩脸红了，因为人们在她面前谈论一个她暗恋的男孩。显然，她脸红的"理由"(reason)是她暗恋那个男孩，但这一次脸红的"肇因"(cause)，则是人们在她面前的那一次谈话。同样的道理，孟子基于其"怀义必能致利"的信念，屡次声称当某一国君采取某一"义"行时，必然会带来某一次诸如称王或一统天下之类的"利益"；但无论如何，这一预期中的功利结果，却从来不是采取该"义"行的"理由"。孟子要求，"理由"必须只在于该国君对该一"义"行内在的委身。但反过来看，如果没有那一次的"义"行，国君这一次所得到的"利益"也是不存在的。可以说，那一次的"义"行对于后来的功利结果来说是一个"肇因"的角色。

再譬如，某个法官因为坚持清廉而拒绝收贿，为此，他博得了社会美誉。虽然从"结果"层次而言，博得社会美誉是该法官预期会发生的，甚至还认为存在着某种必然性，但从"动机或存心"的层次来说，这并不是他拒绝收贿的"理由"。他拒绝收贿只是为了坚持清廉这一道德信念，只是无可否认，他的拒绝收贿乃是他博得社

---

①　李明辉也有类似笔者的看法："承认'义'可产生'利'，是一回事；以'利'之所在为'义'，是另一回事。"(李明辉，1990：186)但他没有提出"义以生利"来解释，依旧主张孟子是"先义后利"。

会美誉的一个"肇因"。

　　同样地，经由"义"所获致的功利结果，无论是国君可以四方无敌和王天下、君子可以因天爵而取得人爵，或是百姓可以乐岁终身饱，基于孟子对"义以生利"坚强的必然性信心，它们当然都在预期之中，也能够被当作游说的诱因。但即使如此，它们都不是"义"背后真正的动机或存心。否则，就落入宋牼那种"衡量利弊得失"的思维方式了。陈顾远说得好："孟子主张人以仁义为心，便有大利之结果。"（陈顾远，1975：75）但"非因快乐之故而行仁义也。……若夫由正谊而得之大利，由明道而生之大功，均为自然而然之结果，非正谊之先即有谋利之希望，明道之先即有计功之野心"（陈顾远，1975：76—78）。

　　孟子期待于统治者的，毋宁还是哀怜百姓的那一颗"不忍人之心"，以及由这一内在的善所发出的道德命令。这才是采取仁政这一"义"行的动机或存心。冯友兰就强调，这正是孟子与墨子的区别之处。"墨家之攻击儒家厚葬久丧，纯从功利主义立论，而孟子则纯不从功利主义立论。"厚葬久丧固然亦有利于社会的"慎终追远，民德归厚矣"，但孟子则但谓厚葬久丧的本质乃为"尽于人心"。（冯友兰，1993：163）笔者在前述也提过朱熹类似的话："凡事不可先有个利心，才说着利，必害于义。圣人做处只向义边做，然义未尝不利，但不可先说道利，不可先有求利之心。"朱熹此番对孟子的诠释，可以算是最准确的了。

　　归结而言，整个"义以生利"的高明之处是它同时兼顾了"动机或存心"以及"结果"两方面的层次。经由前者，它坚持了"义"的纯粹道德性；再通过后者，对于"利"既予以容纳，又加以限制。从动机或存心的层次来说，国君的施行仁政和养民，绝不能以功利为"目的"，而是出于恻隐与"推恩"（《孟子·梁惠王上》）；但从结果的层次来说，国君施行仁政和养民的"义"，又必然使人民受惠得"利"，同时，国君自己也会因而天下无敌。对于这样的"利"，孟子当然是欢迎的，也乐于用来作为游说国君的诱因。但不可或忘的是，这样的"利"并非国君或民众基于个人自利心所追求的结果，而是统治者的"义"所导致的效用，或所顾养和给予的一种恩德。孟子自始至终未曾矛盾的是，都不同意出于动机或存心——包括目的价值的选择，以及属于工具理性的思维方式——去追求利益。无论是国君或人民，情况皆如此。

　　这其实充分反映了儒家典型之"义务取向"的思考特质，即各个人只问自己当尽的道德义务；至于权益，则是对方实践道德义务之后衍生的结果，不是由自己基于利益思考去争取的。就譬如梁漱溟所说的："何谓好父亲？常以儿子为重底，就是好父亲。何谓好儿子？常以父亲为重底，就是好儿子"；"一个人似不为其自己而存在，乃仿佛互为他人而存在者"（梁漱溟，1979：90）。难怪深受孟子影响的中国文化不走"人权"这条路，而是讲"人道"。虽然两者都蕴含了对人的照顾与保障，但在诉求方式上却截然不同。前者有一种主张自我利益的正当性，不必期待别人所给予的善德；而后者却是自己对别人的善德义务，也必须依赖别人所给予的善德，它的背后潜藏着孟子对人的自利心之否定。

小结：义利的双重定位

　　经由上述四种纯粹类型的建构、概念的厘清，以及对照出孟子或学者们有关论述与这些纯粹类型之间的"距离"，我们讨论至此，对于孟子政治思想中义利之辨的真实动机、原委和意涵，应该已经得出若干定位和结论了。

首先，从动机或存心的层次来说，孟子是高浓度的属于"取代模式"的"以义斥利"类型，而纯粹就这一层次来说，确实没有多少平衡和协调的空间。他不仅反对国君为贪图利益而战，宋牼这个好人从利弊得失去劝和，他也反对。然而，"贪图利益"乃一种价值选择，"衡量利弊得失"却是一种思维方式。前者将利益当作一种目的价值来拥抱；而后者只是在思维过程中，工具性地将利益当作计算或比较的单位，当事人未必就将利益视为目的价值来信仰或委身。这意味着即使你从不"贪图利益"，但只要诉诸"衡量利弊得失"的工具理性，并以其来作为决策或行动的依据，都会如宋牼一般地遭到责难。显然，在义利之间，孟子铺陈了几乎没有妥协余地的二元对立格局。

这样的立场主要根源于孟子"价值内在"的默认，即将"义"视为其自身最完整的理由，它不假任何外在的、经验性的因素来加以证成。因此，决策与行动所依据的判断，当然就只在于动机或存心上的善了。它只问道德上的该不该、"义"的当为与不当为，而拒斥以结果层次上的理性计算、机会和风险的评估为依归。

进一步地，针对如此极具代表性的"以义斥利"类型，出现了若干试图在义利之间予以平衡和协调的努力。第一种是属于"条件模式"的"先义后利"类型。它仍保持了义利之间的二元格局，但强调两者不是"非此即彼"的取代和对立关系，而只是一种价值优位上的轻重缓急。无论是国君还是百姓，只要在合乎"义"的前提条件下，都可以去追求"利"。

但对于孟子，它却出于一个至为关键的原因，即人民若未能在

"利"上有基本程度的满足，将会导致他们在"义"的实践上出现困难。这很吊诡地竟然出现了一种"先利后义"的状况。就是在基本的民生需求上主张"利"相对于"义"的优先性，要求在起码的生活利得已获满足的前提条件下，而后才得以坚持或追求"义"。虽然这只是局部性的原则，仍构成了以"先义后利"来定位孟子的障碍。

另一方面，"先义后利"的解释力也有所不足。它只强调了义利之间一种轻重缓急的关系，未能更细腻而深入地触及孟子所最在意的行动者在动机或存心上的差异。这使得它无法辨别出孟子所肯定的民生利益，到底是民众基于个人自利心所追求的结果，抑或是统治者出于动机或存心的"义"所顾养和给予百姓的一种恩德。

撇开了"先义后利"，第二种试图在义利之间予以平衡和协调的努力，是属于"化约模式"的"义即公利"的类型。它打破了义利之间的二元格局，强调两者不仅既非对立，也非先后的关系，甚至，在概念或实质上还存在着很大一部分的交集、等同或类似性，因而能够以某种程度或形式来互相化约、转换或融合，各自的词汇或意涵也可以彼此对译、说明。

但它的第一个困难是，"利"的公私之分非常模糊，并且在孟子思想中这一区分也不是基本的。"公利"的概念一方面有其相对性，另一方面，在成分上也经常包含夹杂了"私利"。而这也在相当程度上解释了为什么许多所谓的"公利"被认为是不义的、掠夺的，是强者的利益、伪装的道德。

再者，无论是就概念的内在义理还是外延指涉，"义"与"公利"都分属两个既不能彼此化约，也无法互相转换或融合的范畴。它们是殊类、异质的，在各自框架下的词汇无法正确对译，概念所表达的意涵也不能彼此说明。将"义"视同公利，可能会导致"义"

这一概念被消解，化约、转换或融合成"利"的一种。而这种情形在蔡信安的论述中也确实出现了。因为"利"必须借由理性计算和得失分析，才能判断有多少益处或好处；而某一个事物或状态是否为公利，又总是以"最大效益原则"为判准的。如此一来，"义"这个概念存在与否已经不重要了，因为最终还是以整体的最大效益来断定。

从上述的归纳可见，虽然孟子的言论中存在有若干"先义后利"的成分，也确实有肯定公利而轻私利的倾向，但无论是从"先义后利"或"义即公利"来平衡和协调"以义斥利"，都有其障碍、不足，甚至是本质上的矛盾，也因而不适合以这两种类型来定位孟子的义利之辨。

或许我们必须改弦易辙，在动机或存心的层次上放弃挑战"以义斥利"，充分承认在这一剖面上，无论是目的价值的选择，抑或是属于工具理性的思维方式，孟子都将"义"和"利"铺陈为无妥协余地的二元对立格局。但这并不意味着，义利之间已经不能再有任何平衡和协调了。事实上，当我们改从结果的层次上，来理解孟子言论中许多对于"利"的强调和肯定，义利之间的平衡和协调空间就出来了。这亦是说，若"义"和"利"都落在动机或存心的层次上，孟子肯定是无法让它们兼容的；而如果要有兼容的一面，"义"和"利"就必须落在不同的层次，即在动机或存心上唯"义"是求，而将"利"视为由"义"所衍生的结果。

归结而言，以"义务论伦理学"来定位孟子，这并没有错，却不够完整。因为，孟子的言论确实对于"利"——尤其是民生利益——有许多的强调和肯定。但这又不能过度推论，认为孟子属于效益主义的阵营，或是"目的论伦理学"。因为孟子对于"利"的强调和肯定，都不是落在动机或存心的层次上，而只是将它们视为"义"的必然结果。

李明辉在辩驳蔡信安时妥协地声称，孟子并不完全否定功利原则。这样的表达需要进一步厘清。因为，若从动机或存心来看，孟子唯"义"是求，怎么会不反对功利原则呢？笔者同意孟子没有"将功利原则视为道德价值之唯一的或最后的判准"，但从动机或存心来看，他也没有如李明辉所说的"接受功利原则作为衍生的道德原则"（李明辉，1990：149—150）。正确而言，孟子只是在结果层次强调"怀仁义以相接"的功利效用罢了。

这就是属于"因果模式"的"义以生利"类型。综合来说，对于解释孟子义利之辨的真意，它呈现出了两方面的有效性。第一，孟子在动机或存心层次上有明确而高浓度的"以义斥利"倾向，而"义以生利"的类型与此并无矛盾，可以互相融合。因为它强调只要追求"义"，"利"就随之而来了。对于"利"的获得，当事者既不需要，也不容许有动机或存心。第二，连带地它也合理解释了为什么孟子屡屡诉诸称王于天下的功利效果来说服国君施行仁政，又何以在要求国君照顾民生利益之际，竟出现了"先利后义"的局部性原则。因为按照"义以生利"的类型，无论是国君的无敌和王天下，或是百姓的乐岁终身饱，都不是国君或民众基于个人自利心所追求的结果，而是统治者施行之"义"所导致的效用，或者说，是由统治者所顾养和给予的一种恩德。这样的解释另有一个可取之处，就是它符合学者一贯声称的儒家典型之"义务取向"的思考特质，即各个人应该只问自己当尽的道德义务，至于权益，则是对方实践道德义务后所衍生的结果，绝非由自己基于利益思考去争取的。

相对于此，另外的"先义后利"和"义即公利"两种类型，不仅本身存在着若干缺失，更无法提供上述两方面的有效性。一来它们都与孟子在动机或存心层次上高浓度的"以义斥利"倾向有所冲突，至少难以契合；二来对于孟子为什么屡屡诉诸称王于天下的功利效果来说服国君施行仁政，又何以在要求国君照顾民生利益之际竟出现"先利后义"的主张，它们也都未能提供合理的解释，甚至在解释之际，还坠入了将孟子归类为实行"最大效益原则"的结果。

　　不过，"义以生利"的类型虽具有上述两方面的有效性，却隐含了一个很大的陷阱。即孟子那样强烈地宣称义以生利的必然性，可能会导致原本只问该不该的"义"发生异化。就是对于"义以生利"的预设和期待，反而变成了"义"背后真正的动机或存心。骆建人和蔡信安就都掉入了这一陷阱，但这到底不是孟子的本意。无论"义以生利"再怎么样有必然性，或如何被预期，并作为游说的诱因，它都只是一种外在的衍生性因果关系。绝不能将属于结果的"利"用来证成行为的"义"；也不能将"利"倒位过来，变成"义"背后的真正的动机或存心。孟子期待于统治者的，毋宁还是哀怜百姓的那一颗"不忍人之心"，以及由这一内在的善所发出的道德命令。这才是采取仁政这一"义"行的动机或存心。

　　想象如果今天有一个想要投身政治的年轻人，虚心请教该如何面对道德与利益之间的两难抉择，孟子会怎么回答呢？他大概会说："年轻人，我希望你誓志一生为道德而奋斗，不要算计利害得失，更别贪图利益。"孟子看着年轻人的为难和疑惑，接着会补上一句说服的话："请相信我，你为道德所做的奋斗，终将为你自己、你的家庭、这个社会和国家带来最大的利益。"当然，孟子这个承诺恐怕过于乐观了。凭什么怀义必能致利？这就留待下一章再来析论吧！

第五章

决策伦理的对话：
何不曰利？

楔子

在前一章对孟子"义利之辨"的探讨中，笔者说明了孟子在动机或存心层次呈现了高浓度的"以义斥利"类型。但为何在反对"贪图利益"之余，也同时反对作为一种思维方式的"衡量利弊得失"呢？孟子的忧心是什么？

利益思考之于"善"有没有正面的价值？义利之间不过就是二择一的简单逻辑吗？其中有没有什么吊诡，以至于抉择变得很复杂，甚至矛盾？而孟子否定了利益思考，又会导致怎样的决策困境或危险呢？

进一步地，孟子这种"唯义是问"的高调类型，怎么看待手段与后果问题呢？有道德疑虑的手段都拒斥吗，还是会将手段圣洁化？又是否不顾代价与后果，只问"义"的当为不当为？孟子固然有"义以生利"的说法可以因应，但它站得住脚吗？而如果怀义未必能致利，孟子的整个"义利之辨"会受到怎样的冲击呢？

韦伯在《政治作为一种志业》的演讲中，几乎与孟子在上述问题上形成了全面的交锋，并对孟子"义利之辨"的整个论述结构发起了深刻而巨大的挑战。

这就是接下来要探讨的"儒家与韦伯"的第五个对话：决策伦理的对话。

前言：高明巧思下的难题

对于孟子的义利之辨，我们在前章中所得到的结论是若从动机或存心的层次来看，孟子是高浓度的属于"取代模式"的"以义斥利"类型。也就是说，若"义"和"利"都落在动机或存心的层次上，孟子肯定是无法让它们兼容的。如果要有兼容的一面，"义"和"利"就必须落在不同层次，即在动机或存心上唯"义"是求，而将"利"视为由"义"所衍生的结果。这就导出了孟子在结果层次上成为"因果模式"的"义以生利"类型。

孟子的这一巧思绝对高明。一方面，它通过"动机或存心层次"与"结果层次"的分割，让孟子的言说和立场不致矛盾。因为只要追求"义"，"利"就随之而来了；对于"利"的获得，当事者既不需要，也不容许有什么动机或存心。另一方面，它也符合了学界一贯对儒家的理解，即典型的"义务取向"之思考特质。各个人应该只问自己当尽的道德义务，至于权益，则是对方实践道德义务后所衍生的结果，绝非由自己出了利益思考而去争取的。因此，无论是国君的无敌和王天下，或是百姓的乐岁终身饱，同样都是统治者施行仁政的结果，并非任何君或民的"营利心"之所获。

然而，孟子这样的高明巧思却面对着两个基本挑战和难题。首先，针对孟子高浓度的"以义斥利"类型，试问，利益思考之于

"善"有没有正面的价值？"义"与"利"之间不过就是二择一的简单逻辑吗？其中有没有什么吊诡，以至于抉择变得很复杂，甚至矛盾？而孟子否定了利益思考，又会导致怎样的决策困境或危险呢？

进一步地，孟子这种"唯义是问"的高调类型，怎么看待手段与后果问题呢？有道德疑虑的手段都拒斥吗？还是会将手段圣洁化？又是否不顾代价与后果，只问"义"的当为不当为？孟子固然有属于"因果模式"的"义以生利"内涵可以因应，但它站得住脚吗？凭什么怀义必能致利？能够根据一个应然性命题推导出实然的结论，并宣称"利可必得"吗？（曾春海，2001：984）此外，在历史经验上，往往出现的不正是"怀义而致不利"，甚至"怀不义而致利"吗？而如果"义以生利"的必然性是站不住脚的，那么，孟子的整个"义利之辨"会受到怎样的冲击呢？

在以下的篇章中，我们将就上述课题深入地来质疑和挑战孟子。而在这一过程中，笔者将大量引申韦伯的相关论述，因为在其《政治作为一种志业》的演讲中，在上述问题上几乎与孟子形成了全面交锋。其交锋包括政治关系中的特殊性如何导致了普遍伦理在适用上出现困境，政策"意图"与"结果"之间的常态性吊诡，还有"信念伦理"（ethics of conviction）与"责任伦理"（ethics of responsibility）的经典区分，以及善恶因果关系的诘难。通过这样的讨论脉络，笔者期望能对比和映照出孟子整个"义利之辨"的可议之处。

一、危险引信：衡量利弊得失

正如前一章所揭示的，孟子抱持"以义斥利"的立场时，主要表现为两方面的诉求：他既反对作为一种价值选择的"贪图利益"，也反对作为一种思维方式的"衡量利弊得失"。这两方面当然是有所不同的。前者将利益当作一种目的价值来拥抱，而后者只是在作出决策之前的考虑过程中，工具性地将利益当作计算或比较的单位。它的目的乃衡量得失、机会和风险。前者表现于孟子对梁惠王和齐宣王等国君的批评；至于后者，则在责难宋牼从利弊得失来劝和楚秦时充分流露。

　　这两种不同的诉求必须分开处理。因为它们经常属于两种不同类别（或有重叠）的人群。先从"贪图利益"这一类别来说，孟子的强烈反对是易于理解并且被认同的。因为它落在目的价值这个层次上。这种立场往往会直接呈现出对道德的否定、蔑视，甚至践踏。它的本质指向一种鉴赏层次的个人直接经验，期待品尝利益的滋味和果实；而就在它满嘴油腻、连啃带舔地想要拥抱利益所带来的快感和饱足之际，道德即使不被视若敝屣，顶多也只有满足利益追求的策略性或工具性价值。也就是说，道德是被统治者利用或装扮的，以遂行私己利益的贪得。从孟子看来，这当然是最为严重且无法接受的。

　　但由此而言，孟子进一步地反对作为思维方式的"衡量利弊得失"这一类别，似乎就让人难以理解了，因为当事者并未在动机或存心上本于私己利益的贪得。固然，它仍是一种对利益的追求和思考，但情况却显然不同。在本质意涵上，动机或存心指涉的乃一种内在驱动力，它的成分更多是情绪和欲念，而非理性与认知。后者的取向是将利益视为外在于自我的思考对象，有如一个组件，工具般地被处理和对待。其结果产物是形成诸如论据或观点之类的分析判断，而非可以直接引发行动的内在驱动力。

　　既是如此，孟子怎么可以责难宋牼从利弊得失来劝和楚秦呢？宋牼无可否认地正抱持着纯良高贵的动机或存心。那么，到底对孟子而言，作为一种思维方式的"衡量利弊得失"错在哪里呢？

　　让我们来检视一下孟子的理由。他对宋牼说：

　　　　先生以利说秦楚之王，秦楚之王悦于利，以罢三军之师，是三军之士乐罢而悦于利也。为人臣者怀利以事其君，为人子者怀利以事其父，为人弟者怀利以事其兄。是君臣、父子、兄弟终去仁义，怀利以相接，然而不亡者，未之有也。先生以仁义说秦楚之王，秦楚之王悦于仁义，而罢三军之师，是三军之士乐罢而悦于仁义也。为人臣者怀仁义以事其君，为人子者怀仁义以事其父，为人弟者怀仁义以事其兄，是君臣、父子、兄弟去利，怀仁义以相接也。然而不王者，未之有也。何必曰利？（《孟子·告子下》）

　　在这一段话中，孟子认为，如果国君撤兵是出于利弊得失的考虑，那么三军因无须作战所带来的快乐就会让他们跟着"悦于利"。而若是这种"悦于利"的心态扩散了，人臣、人子及人弟都以之对待其君、父及兄，终有一天，整个社会将沦陷为"去仁义，怀利以相接"的境地。反过来，如果国君撤兵是出于仁义的考虑，那么三军因无须作战所带来的快乐就会让他们跟着"悦于仁义"。而若是这种"悦于仁义"的心态扩散了，人臣、人子及人弟都以之对待其君、父及兄，终有一天，整个社会将提升为"去利，怀仁义以相接"的境地。

　　再看看另外一个案例。在孟子与陈代的对话中，其所表达的理由很类似。陈代出于策略性考虑，建议若能委屈一下主动谒见诸侯，并因此被重用而能致王霸，这就好像"枉尺而直寻"，从利弊得失来分析是很划算的，值得一试。但孟子却反驳，如果出于策略性考虑就可以"枉尺直寻"，那同样出于策略性考虑不就也可以"枉寻直尺"，作出更大的原则妥协，或更本质性的道德让步吗？仁人志士既然都不怕死了，何必在人格志节上卑屈畏缩呢？（《孟子·滕文公下》）

从上述的两段对话中，我们不难理解孟子的真正忧心所在。即若以"衡量利弊得失"来决策，其效果会引发一种"悦于利"的心态扩散，或导致在立场上节节退让，最后沦为在动机或存心上的"贪图利益"。这中间当然得经过一段时日的蔓延、扩散和质变。从原本属于策略分析的理性与认知层面，衍生出"悦于利"和"怀利以相接"的内在驱动力；从原本只是将利益当作工具般来处理和对待，渐次松懈动摇，演变成因图利而作出更大的原则妥协，或更本质性的道德让步。孟子更相信，这一蔓延、扩散和质变是必然的；而从"衡量利弊得失"沦入"悦于利"和"怀利以相接"的贪得，也只有一步之遥，甚至是难分难解的。

很明显，孟子最在意的还是在动机或存心上的"贪图利益"；至于作为思维方式的"衡量利弊得失"，毋宁扮演的是一个诱惑及陷阱的角色。"衡量利弊得失"的本身虽不是罪恶，甚至宋牼或陈代抱持着它时在动机或存心上都是纯良高贵的，但它却是一条危险引信，终将联结引爆"贪图利益"这颗邪恶炸弹。

孟子之所以有这样的顾虑，其背后应该有一个推理，即"衡量利弊得失"毕竟是根据结果层次上的成本效益、机会或风险来作出判断和抉择的。至于动机或存心层次的道德、良知或信念等，既然不是考虑的因素，就会被丢置一旁。就譬如一位国家领导人在面临某项财富重新分配的决策时，尽管他原本因秉持人道主义而欲选择甲方案，之后却因利弊得失的考虑而改选乙方案。这说明"衡量利弊得失"这一决策方式，注定会让道德、良知或信念等价值被牺牲掉；人与人之间于是依凭着利害计算来互动，而不愿以道德、良知或信念来主导行为。

这样的推理当然成立，而社会也确实经常出现类似现象。但即使如此，也并不足以断言这一社会是自私贪婪的。孟子声称其将沦入"悦于利"和"怀利以相接"的贪得，恐怕是过度推论了。因为依凭着利害计算来行动，只不过反映了"理性分析"的态度凌驾于"价值信念"之上，它并不就是自私贪婪。就譬如前述的国家统治者，尽管因利弊得失的考虑而在某一财富重新分配的政策上弃守人道主义，但他之所以如此，其动机或存心仍可能是为了更广大的公众利益，或较长远的国家福祉。甚至，在 A 政策中弃守人道主义，是为了换取在 B 政策中实现更大程度的另一价值信念。或者，眼前的权益性退让，是为了保存实力、稳定政权，以避免人道或其他价值信念在某种现实下遭受更大的损失。还有一种可能，这位统治者只是在追求某一价值信念之际，通过利弊得失的理性分析来寻求更有效率或具有更佳效果的实践手段罢了！

在这些情况下，"衡量利弊得失"都只是工具性和技术取向的，它与作为目的价值的动机或存心根本是两回事。固然在决策的当下，道德、良知或信念等的因素会被利害计算排除，但这仅仅发生在"衡量利弊得失"的"纯粹"思维过程中，离开了这一思维过程的狭义范畴，道德、良知或信念等的动机或存心，仍然活跃于决策者的人格中，作为背景的、潜在的，甚至重要的因素而发挥作用。

正确来说，"衡量利弊得失"与"贪图利益"两者，各自属于不同的心灵范畴；从现代脑科学来看，甚至是不同的生理区块。理性与认知主要是由大脑皮质控制的，而情绪与欲念等的好恶感觉，则属于自主神经。①前者赖以创发论据或观点，后者则是内在驱动力的来源。人是否自私贪婪，乃由情绪与欲念的因素所造成的，而与是否抱持利害计算来行动并无必然关联。反过来，人若抱持并主张一种"衡量利弊得失"的思维方式，也不过是理性与认知上一种抽离个人直接经验、源自大脑皮质的功效哲学立场而已！它丝毫不意味着一种鉴赏层次的体验，期待在情绪与欲念上品尝利益所带来的什么快感和满足。

因此，一方面，"贪图利益"的人未必在贪图之际秉持"衡量利弊得失"的思维方式，譬如许多因贪婪而失去理智的人，他们往往因眼前的利欲熏心而不顾后果的悲剧；另一方面，以"衡量利弊得失"为思维方式的人也未必在衡量之际怀抱"贪图利益"之心，譬如追求兼爱、非攻和万民福祉的墨家及宋牼，都是如此。

孟子强烈相信，从"衡量利弊得失"沦入"悦于利"和"怀利以相接"的贪得，不仅有其必然性，而且只有一步之遥。虽然这样的预设可以从真实世界中得到许多例证，但反证同样也不少。除了摆在孟子眼前的宋牼和墨家外，西方的效益主义思想家，诸如休谟（D. Hume）、边沁和密尔（J. S. Mill），或者主张实用主义的杜威（J. Dewey）和詹姆斯（W. James），也都足以让孟子的这一预设站不住脚。试问，他们何尝因其理性与认知上的功效哲学立场而衍生出

---

① 笔者必须承认，从生理层面来解释心灵范畴有若干争议，尤其会有唯物论倾向。但面对这个几乎不可能有标准答案的争议，抱持着参考态度仍是可取的。

"悦于利"和"怀利以相接"的贪得，并在社会中联结引爆"贪图利益"的邪恶炸弹？

我们能够同意孟子的是，若人们在动机或存心上都拥抱着"悦于利"和"怀利以相接"的贪得，这个国家确实会很糟糕，"然而不亡者，未之有也"。但如果孟子前述所预设的蔓延、扩散和质变的必然性并不存在，那么，一个依凭后果计算来理性行动、秉持效益主义或实用主义的社会，还能被形容为"然而不亡者，未之有也"吗？

整体来说，孟子的道德诉求过于旺盛了，以致他对于举凡牵涉"利益"之事都觉反感与排斥，因而未能理解一种以"衡量利弊得失"为原则的效益或实用主义所具有的正面价值。孟子没能发现，即使是追求最高尚的价值理念（义），也需要理性评估其实现的最佳手段，以及其后果是否会阻碍或伤害另一高尚价值理念的实现。

二、政策意图与结果的不一致

孟子最无法自圆其说的一点是他虽极力呼喊国君保障人民的福祉，却忽略了它需要经过理性计算和利弊得失的分析过程来予以衡量。人民的福祉不能只是高调和口号，它必须选择若干手段与措施，并分析评估其效应与结果。即使是最高尚的价值理念，在实践上，不同的手段与措施也会带来不同的效应与结果。而无论是手段与措施的选择，或相关效应与结果的衡量，基本上，都是理性计算和分析利弊得失后的产物。

特别的是，在这样一个选择与衡量的过程中，经常会出现一种政策的"意图"与"结果"之间的吊诡。韦伯在《政治作为一种志业》演讲中就指出了这一点，甚至将这一吊诡视为历史中的常态。他说：

> 政治行动的最终结果，往往——甚至经常——和其原先的意图（meaning，intention，Sinn）处在一种完全不配当的关系中；有时候，这种关系甚至是完全吊诡难解的。这完全是事实，甚至是整个历史中的一项基本事态。（韦伯，1985：205）

韦伯从来没有想要否定"意图"，也就是"动机或存心"的重要性。他甚至坚称，正因为存在着上述的吊诡，政治行动一定要有某些价值信念，赖以提供"内在的支撑定力"（inner balance，Halt），以及免于落入虚无的意义感（韦伯，1985：206）。当然，要选择什么价值信念是完全无法经由理性分析来获致的。"在世界观之间，最终只有选择可言。"（韦伯，1985：206）套用前述的概念来说，价值信念的选择基本上是由情绪与欲念的因素所决定的，理性与认知这种超然而疏离的技术取向活动，对此是无能为力的。

对韦伯而言，这似乎意味着它有一种被滥用、不负责任或不切实际（matter-of-factness，Sachlichkeit）的危机。譬如，战争胜利者会声称自己站在正义的这一边，而这种"道德优越感"完全是由情绪与欲念决定的，与理性和认知上正不正确无关。或者，一个因受不了战争残酷场面而精神崩溃的人，会说服自己："我不喜欢这场战争，因为我被迫去为一个在道德上邪恶的目标作战。"这同样显示了价值信念经常被滥用，或者其本身就是不负责任或不切实际的。

为了避免出现这种滥用、不负责任或不切实际的问题，韦伯鼓吹，在战争结束后，与其像老妇人一样汲汲于找出宣泄屈辱、待罪

的"祸首",倒不如果敢严峻地对敌人说:

> 我们败了,你们得到了胜利。这些都是过去的事了。现在,
> 让我们就牵涉到的实质利害,以及(更重要的)根据未来要负
> 的责任(这尤其是胜利者必须关心的),来谈应该得出来的结
> 论。(韦伯,1985:207)

韦伯感慨,往往在一场战争后,实质利害的处理总是"在道德
上被埋掉"了。屈辱、雪耻和怨恨等的情绪,经常假借道德名义凌
驾于负责任的善后之上。对此,他明白指出,属于动机或存心层次
的"道德"在本质上就无法负责任地处理善后。因为,

> 坚持道德的人关心的并不是政治家真正关怀的问题——未
> 来,以及政治家对未来的责任;相反,这种人关心的是在政治
> 上没有结果(因为无法取得结论)的过去罪愆的问题。(韦伯,
> 1985:207—208)

韦伯甚至指出,"政治上若有罪愆可言"的话,这种不负责任地
处理善后、一味诉诸不会有结果的道德的行为,就"正是政治上的
罪愆"。

他相信,在政治的层次上,"胜利者的利益,在于榨取物质上及
精神上最大的好处,失败者的利益,则在于希望借着承认罪过,而
获得某些好处"。当然,若从孟子强烈的道义论来看,这十分"庸
俗"(vulgar, gemein),但韦伯却要求,必须切实际地来给予评价,
它"正是以道德为'取得公道'(getting one's due, Rechthaben)的

手段的结果"（韦伯，1985：208）。

韦伯深知，上述立场必然会引致许多道德家和宗教领袖的挞伐；孟子当然不会是例外。然而他却直指，许多道德家和宗教领袖的错误在于他们总是主张一种普遍伦理，即要求生命的任何其他领域，包括政治在内，都"不分轩轾地受'同一套'伦理管辖"。对此，韦伯强烈质疑：

> 世界上可有一套伦理，能够把同样的行为规准，施加到性爱的关系、商业关系、家庭关系、职业关系上？一个人和妻子、卖菜的女人、儿子、竞争对手、朋友、法庭上的被告的关系，岂可都用在内容上一样的行为规则来决定？（韦伯，1985：208）

韦伯这一质疑可以说切中要害。孟子所主张的就是典型的普遍伦理。它要求完全站在动机或存心的层次，只问"义当为与不当为"（程颢、程颐，1966：卷十七），而丝毫不考虑各种"关系"的彼此差异性。也就是说，这一伦理原则在任何关系中都是一体适用的。只是孟子未能洞见，很多"关系"虽然涉及道德，但其核心要素并非道德。譬如，在亲密或家庭关系中，核心的要素是爱，而非道德；在商业关系中，核心的要素是利润或竞争力，道德只是边缘的角色。孟子不察这会导致其中的伦理问题复杂化，无法只问"义当为与不当为"。丈夫可能因为爱，而对妻子说谎，隐瞒病情。商家对于产品的售卖，固然可以童叟无欺，但到底还是以赚钱为动机和存心。还有，公司为提升竞争力，经常会不讲情义地从对手那里高薪挖角。用韦伯的话来说，商业关系隶属于经济理性主义，它与宗教和道德存在着矛盾冲突。

那么政治中的关系又如何呢？韦伯指出，"在决定政治所须满足的伦理要求的时候，政治运作的特有手段是以武力在背后支持的权力这一事实，难道毫无特殊的意义？"（韦伯，1985：208）韦伯在别处一再强调，国家的核心定义是武力的合法垄断，唯有它可以正当地使用武力并以之为强制手段。他说：

> 所有的政治团体在面对国外或国内的敌对者时，无不诉诸赤裸裸的暴力以作为强制手段，此乃其绝对的本质。……正是这种暴力的诉求，才构成所谓政治团体，而"国家"就是个要求独占正当的行使暴力（legitima Gewaltsamkeit）的团体，除此，别无他种意义。（韦伯，1989c：116）

而这一种以武力来支持其权力的特质，与孟子或耶稣的"爱与非暴力"当然矛盾。韦伯坚称，国家为了对正义负起责任，应该使用武力来帮助好人战胜邪恶者。甚至，若缺乏了这个意义，国家就不存在。也就是说，国家之所以具有垄断武力的正当性，就在于它被要求应使用武力来实践正义。对内，将犯罪者绳之以法；对外，抵御侵略和外侮，保国卫家。当然，诉诸武力的结果往往是血腥的冲突，甚或残酷的战争。但牺牲的警察或阵亡的战士，却因为执行这一正当权力，而使其所受的伤害和死亡得到"一连串意义深远且神圣化"的定位（韦伯，1989c：117—118）。很多时候，虽然国家的武力会与道德或宗教上的目标结合，形成所谓的"圣战"，但即使如此，"权力及权力的威吓之成功，终究完全仰赖于实力关系，而非仰赖于伦理'正义'（Recht）"（韦伯，1989c：116）。

　　"普遍强制性"是连带相关的另一个困难。韦伯指出，譬如耶稣在"登山宝训"中所楬橥的伦理——"有人打你的右脸，连左脸也转过来由他打"，或是呼召富裕的少年官变卖所有来跟从他，这些都是无条件的、一丝不苟的绝对性主张，甚至"是一种全然放弃了尊严的伦理"。这些"不合理的过分要求，如果要在社会的角度言之有意义，就必须应用于每一个人……简言之也就是对每一个人都有效的强迫和秩序"。但是，韦伯抱怨道："伦理诚命根本不管这些，它的本质便是如此。"（韦伯，1985：209）这意味着道德家和宗教领袖是不切实际的，对实践上的困难不负责任。他们其实很清楚，对于伦理诚命的主张再怎么强烈和绝对都无害，因为其中并没有普遍强制性，完全由追随者或信众自由地选择遵循与否。但从韦伯来看，若改以国家权力来推动或据以为法律规条，基于政治关系中所必要的普遍强制性，结果就窒碍难行，甚至令人觉得恐怖了。在历史中，许多政教合一的暴虐就源于此，他们经由政治的权力与支配，赋予了伦理诚命一种对所有人民都有效的普遍强制性。随着政教分离的日渐普及，不啻正宣告了孟子那种普遍伦理的困境。

　　除了武力和普遍强制性外，韦伯还进一步从国家机构中"理性的政治人"（homo politicus）这一观念来立论，强调政府部门在最理想化的"法制型支配"下，"政治人就跟经济人一样"，会实事求是地表现出一种所谓"非人格的"（impersonal）科层特质。也就是说，它对于人格意义上的道德美善，始终抱持以理性、冷静、无差别好恶的（faceless）态度；举凡伦理上的善恶，理性化的政治人或经济人都"无恨亦无爱"（Sine ira et studio）。（韦伯，1996：26）

　　在另一篇章中，韦伯将这种理性主义界定为"以愈来愈精确地计算合适的手段为基础，有条理地达成一特定既有的现实目的"（韦伯，1989b：88）。它有赖于一种"实用理性的生活态度的能力与性向"（韦伯，1989d：51）。当它表现在经济方面时，就带来了理性化的生产技术、组织纪律，理性化的法律与行政机关，以及理性化的牟利行为和经济生活。（韦伯，1991：9—15）

而若在政治方面呢？韦伯指出，"政治的理性行为"就有如经济的理性行为一般，所遵循的都是各自的法则，它们"受制于现世中的种种条件……必然仅仅唯理性行为本身的手段或目标是事。因此，所有的理性行为遂与同胞伦理处于紧张关系之中"（韦伯，1989c：122）。韦伯相信，这使得国家愈是趋近于理想的科层化，就愈"难于遂行实质的伦理化"。即使是施行社会福利政策，都不是出于道德上的动机或存心，而只是一件以国家的本身为理由（Staatsrason）来客观实践的职责（韦伯，1989c：116）。以此而言，孟子所期待的国君施行仁政，从韦伯来看，其中并不需要，也不应该抱持着道德上的动机或存心。国君应该将之视为一件"以国家的本身为理由"的职责才是。

基于政治的这些特殊性，韦伯总结道，将道德或宗教上的伦理牵引至政治的权力关系里，简直就是徒劳地戏要圣贤和神明。"较纯净且唯一诚实的方式，便是将一切关乎伦理的考虑完全排除于政治议论之外，越是能实事求是地打算，越是能免于激情、愤怒与爱恨的拘执。"（韦伯，1989c：117）

从这种对立性，韦伯进一步指出，所有具有伦理意义的行动都可以归属到以下两种"准则"中。它们"在根本上互异，同时有着不可调和的冲突"，甚至有着"深邃的对立"（韦伯，1985：211）。一个是基于心志或信念（Gesinnung），另一个是基于责任（Verantwortung）（韦伯，1985：210）。后者就是指行动必须考虑后果，并承担责任。[①] 前者则是指行动只忠于道德上的良知信念，至于结果，则交给上帝，或诿诸无可抗拒的制度、社会因素，以及相关当事人的愚昧与错误。

不过，韦伯在强调这两种伦理"准则"互斥之际，却又似乎矛盾地声称"这不是说心志伦理就是不负责任，也不是说责任伦理便无视于心志和信念"（韦伯，1985：210）。他在另一处地方更指出，"心志伦理和责任伦理不是两极对立，而是互补相成：这两种伦理合起来，构成了真正的人"（韦伯，1985：220）。

对此，李明辉曾提出解释，认为韦伯的"责任伦理学"并不等于舍勒（Max Scheler）所说的"功效伦理学"。后者纯粹以行为结果的利弊得失来判断行为，而前者"却非仅凭功效价值来衡量行为之价值"，它只是要求"在评估行为之价值时，不仅要考虑存心价值，还要考虑行动者对其行为后果的责任"。也就是说，韦伯的"责任伦理学"并没有将功利原则当作唯一的或最后的判准；"而存心伦理学却是以存心价值为唯一的判准。这才是这两套伦理学真正无法协调之处"。（李明辉，2005：112—113；157—158）[②]

---

① 需要厘清的是，北大教授何怀宏有一种观点，认为责任伦理并不是结果论或效益主义。因为"它是一种事先行为选择时的'顾及后果'，此时那后果还没有出现。事先顾及后果选择和事后根据后果评价是很不同的。它不是把'结果'或'后果'作为道德评价的最终标准"（何怀宏，2010）。笔者认为这种论调似是而非。效益主义并不能与结果论混为一谈，它在进行后果评估时，同样也是事前的。

② 可以附带一提的是，有另一种类似却有所不同的说法，赖贤宗在讨论施路赫特（Wolfgang Schluchter）的观点时，一再从康德的伦理学角度，同样强调信念或心志伦理与责任伦理并不是矛盾对立的。"因为康德的信念伦理学包含了反思的评价基础……它虽然在个人的信念中发生作用，但它的可普遍化是一种反思性的判断，所以指向主体之间的普遍性，因此是发展到'对话的责任伦理学'的一个过渡阶段。"（赖贤宗，2000）由于康德的信念伦理学已非本书重点，为避免失焦，笔者不拟进一步讨论赖贤宗的这种看法，仅在此提供参考。

　　对于上述立场，李明辉的相关论证既复杂又深涩，却有其可接受之处。其实就正如笔者在前文提过的，依凭着利害计算来行动，只不过反映了理性分析的态度凌驾于价值信念之上，它并不就是对后者全然罔顾。就譬如某位国家统治者，可能在 A 政策中弃守人道主义，是为了换取在 B 政策中实现更大程度的同类型价值信念。或者，眼前的权益性退让，是为了保存实力、稳定政权，以避免人道或其他价值信念在某种现实下遭受更大的损失。还有一种可能，这位统治者只是在追求某一价值信念之际，通过利弊得失的理性分析来寻求更有效率或具有更佳效果的实践手段罢了！而就在这一意义上，韦伯才会声称"这不是说心志伦理就是不负责任，也不是说责任伦理便无视于心志和信念"。

　　只是，这绝非如李明辉所形容的"责任伦理学"并没有将功利原则当作唯一的或最后的判准。韦伯自己说得很清楚，这两套伦理作为一种"准则"（Maxime，李明辉译为"格律"），"在根本上互异，同时有着不可调和的冲突"。也就是说，就"准则"的层次而言，无法存在着李明辉所声称的兼容空间。不折不扣地，责任伦理就是以行动结果的功利计算和理性分析为最后依归的，并因此而与信念或存心伦理有着"深邃的对立"。在责任伦理的整个决策思维过程中，尽管如李明辉所说的还是"要考虑存心价值"，但存心价值始终不具有判准的地位，它只是判断的参考而已。尽管对 X 价值打折扣是为了换取对 Y 价值的保存，或者理性地选择甲方案是为了更有效率地扩张 Y 价值，在这些情况下，据以作出最终判断的"准则"，毫无疑问还是对行动结果的功利计算和理性分析。

李明辉的讲法毋宁只是一种在两极中模糊的折中手法①，它反而会导致误解，让人以为存心价值在"责任伦理学"中也是"判准"之一。正确来说，韦伯固然在"准则"的层次上强调两种伦理的对立互斥，但若跳开决策当下"衡量利弊得失"的"纯粹"思维过程，转换到决策者的整个人格内涵，韦伯并不否认存心价值仍是活跃的，可以作为背景的、潜在的，甚至重要的因素而发挥作用。

其实，我们应从"理念类型"的方法学来入手，韦伯已将两种伦理在抽象的"准则"层次上"纯粹"化了。而若回归到真实世界中，活生生的人作为一种经验性存在，这两种伦理在实践层次上反而是"互补相成"的；并且每个人都是这两种伦理在不同场合、针对不同对象和事件、不同程度的混合。所以，韦伯一方面期待政治人物因信念或心志伦理而有巨大的内在动能，要求政治行动不能缺乏存心价值，以免落入意义感的虚无（韦伯，1985：206）；但另一方面，若只是"陶醉在浪漫的感动之中"也不行，"成熟的人"必得"真诚而全心地对后果负有责任，按照责任伦理行事"，"这才是人性最真性的表现"。韦伯因而总结道："这两种伦理合起来，构成了真正的人"，一个能够"受召唤以政治为志业"的人。（韦伯，1985：220）

韦伯的这些话明显站在经验性实存的层次，从决策者的整个人格内涵来阐述两种伦理的"互补相成"。他提醒每一个在实践舞台上行动的政治人，源自信念或心志的热情是高尚可贵、不可或缺的，只是你仍得硬着心肠、理智地面对并责无旁贷地承担现实的结果。

---

① 李明辉非常喜欢采用这种手法。在谈到存心伦理学以及孟子"义利之辨"的义务论伦理时，也完全如出一辙。"义务论伦理学不一定排斥非道德意义的'善'；它只是反对以它作为道德价值之唯一的或最后的判准。因此，这种伦理学仍可能接受譬如功利原则作为衍生的道德原则。"（李明辉，2005：106）

而即使原来期待的渴望破灭，仍对自己出于信念或心志的献身屹立不摇。（韦伯，1985：221）

在笔者看来，韦伯所谓的心志或信念伦理，正很类似于孟子之论①，抱持者认为自己的责任"只在于确保纯洁的意念——例如向社会体制的不公所发出的抗议之火焰——常存不熄"，而其"行动的目的，乃是去让火焰雄旺"；至于"行动的价值"，则是在"表现这个心志的一个楷模"（韦伯，1985：211）。

但麻烦的是，因为它仅在乎动机或存心层次上的"意图"，故而未能洞悉在"意图"与"结果"之间存在着常态性的吊诡。也就是经常"善"的目的，"必须借助于在道德上成问题的，或至少是有道德上可虞之险的手段，冒着产生罪恶的副效果的可能性"才能达成（韦伯，1985：211）。譬如说谎是不道德的，违背良知信念；但若是说一个谎，能够让某位亲人或朋友免于自杀，孟子会如何选择呢？又如果是为了国家安全的需要，或是千万百姓的身家性命，孟子还能坚持不说谎吗？再譬如，为了让孩子受良好的教育，贫穷的母亲

---

① 笔者这个说法可能会招致某些学者的挑战，陆自荣就认为"严格意义上的信念伦理应是关注超验领域的伦理，是对绝对价值的信靠，即对上帝的信靠"，而"中国传统社会在孔子时代就实现了关注领域的转向，即实现了关注领域由超验领域向经验领域的转向。它没有救赎论的宗教，也就不可能有韦伯意义上的信念伦理"（陆自荣，2005：44—45）。贺来也有类似的看法，强调"'信念伦理'具有鲜明的'彼岸性'，它把行动的价值完全置于主观意图和信念上，而对此岸的目的和手段之间的关联不予以考虑……行动的后果及其责任应交给人之外的彼岸的他者——那'唯一必然之神'去承担，因此，'信念伦理'所暗含的是一种'出世性'的思考方式，它在实质上把价值的最高权威归于彼岸的神圣实体，并要求人在主观动机、意图和信念上对这一彼岸的神圣价值实体保持绝对的虔诚和信任。与此不同，'责任伦理'则具有鲜明的'此岸性'"（贺来，2004）。笔者对于此类的讲法不表同意，找不到任何证据显示韦伯将信念或心志伦理局限在"超验领域"或"彼岸"。他自己所举的许多例证，就都属于世俗性的道德诉求和意识形态。

不得不去偷窃或卖春。而即使在《旧约》里，上帝也会使用屠杀来保持以色列民族的道德圣洁。[①] 还有，选举时的妇女保障名额，当然违背平等理念，但在妇女经常是弱势的现实景况下，这一不平等不正是达成实质平等所必要的"恶"吗？

事实上，这样的吊诡并不只是局限于韦伯所谈到的"手段"问题。往往政策的本身就存在着"意图"与"结果"之间的常态性吊诡。有时，一些出发点为"善"的政策，实施的结果却可能有"恶"的面向；而反过来，也有一些明显不"义"的政策，实施的结果竟会有"善"的面向。前者就譬如美国，为挽救经济危机而实行量化宽松政策，结果经济虽然复苏了，却同时带来通货膨胀与资产泡沫。后者则可以公益彩票政策为例，如果从孟子的道德观来看，这恐怕是全民大赌博，并且助长了投机和不劳而获的心态；但若是从政策的效果来看，却可以筹措社会福利经费、为残障者提供工作机会，还可以在某种程度上纾解社会的郁闷。

对于这两种伦理之间的经常缺乏一致性，甚至产生矛盾冲突，孟子几乎是只字未提的。当然，即使对于韦伯，这两种伦理的矛盾冲突也只限于抽象性的"准则"而已；而若回归到真实世界中，活生生的人作为一种经验性存在，这两种伦理在实践性的整体人格中，反而是既矛盾冲突又必须"互补相成"的。但反观孟子，在力言"义利之辨"时，并没有类似的层次区分以及相关的整合论述；尤其明显的是，孟子并未能体察其中所存在的两难。而韦伯却深刻指出

---

① 这种类似于"种族净化"（ethnic cleansing）的论调和行为，在人类历史中是层出不穷的。希特勒曾以此为理由屠杀了六百万犹太人。而犹太人在1948年对巴勒斯坦人的屠杀与驱离，同样是出于犹太复国主义（Zionism）的种族净化心理。这些都反映了世人自以为是的"善"与其悲剧性"后果"之间的矛盾吊诡。

了特别在政治关系中的伦理困境。因此他会强调，再怎么"善"意的目标，都必须在不同的手段与措施中作出选择，并且分析评估其能否达成预期结果，又是否会衍生其他不良的效应，譬如阻碍或伤害了另一个价值信念的实现。而更吊诡的是，有时在经过一番选择和衡量后，竟然必须实行某些"恶"或"不善"的手段与措施，才能实现原本的"善"的动机或存心。韦伯的这番论调，对孟子而言，恐怕不只无法想象，更是离经叛道的。孟子要求于国君的是"行一不义，杀一不辜，而得天下，皆不为也"。换言之，即使为了再伟大的目标，都不容许在手段上有半点对"义"的污染。

三、狂信下的手段与后果问题

但这一手段问题的吊诡性，确实是超出孟子想象的。韦伯精辟地指出，正是它让心志或信念伦理触礁了。因为，从本质上的逻辑来看，"凡是行动会用到在道德上言之有可虞之险的手段者，皆在排斥之列"。无论暴力、说谎、镇压或诈欺，都是不允许的。但在现实世界中，心志或信念伦理又经常将"手段圣洁化"（sanctify, heiligen）。于是，"刚刚还在宣扬'以爱对抗暴力'的人，突然敦促他们的追随者使用武力：最后一次使用暴力，以求能消除一切暴力"（韦伯，1985：212）。有趣的是，孟子同样未能豁免这样的矛盾。譬如，他一方面从道义论拒斥属于"霸道"的暴力；但另一方面，却又声称诛杀暴君（独夫）是正当的。对孟子而言，这或许也正是为了"义"而"最后一次使用暴力，以求能消除一切暴力"。

但我们要问，这中间的尺度和标准是什么呢？韦伯感慨地指出，我们"永远没有办法从道德上判定，哪一个目的该圣洁化哪一个手段"（韦伯，1985：213）。也就是说没有答案。"在什么情况下，在什么程度上，在道德角度言之为善的目的，能够'圣洁化'在道德上说来堪虑的手段及副作用"，韦伯说，这"不是世界上任何伦理所能断定的"。（韦伯，1985：211—212）

　　或许对韦伯而言，这种矛盾的存在正暴露了心志或信念伦理的不切实际，以及对现实后果的不负责任。反观责任伦理，却不会有将手段罪恶化或圣洁化的问题，因为它从根本上就无法以任何道德或价值信念去谴责或赞扬某一手段；它只能将手段与现实的结果联结，依据后果的不同而理性地选择不同的手段。事实上，其手段的选择是受到结果以及理性所制约的，它终究不能违背利弊得失的分析而以任何道德或价值信念的说辞来合理化手段。但心志或信念伦理却不然。孟子有很大的自由诠释空间将手段予以罪恶化或圣洁化，因为它完全是一个超越现实利害，也与后果无关的形而上学式的道德问题。它当然没有合乎理性的答案，也不是其他伦理标准所能验证的。简单地说，心志或信念伦理对于某一手段是给予谴责抑或赞扬，完全属于"自证"（self-evidence）的非理性逻辑。这不正意味着心志或信念伦理有一种陷入意识形态的狂信危机吗？

　　我们不难理解，动机或存心上的道德坚持，从绝对化转变为教条主义的控制或意识形态的支配，是轻而易举的；而反过来，基本教义派（fundamentalist）的意识形态也有着绝对性的道德优越，鲜有例外。可以说，心志或信念伦理的极致，正就是意识形态的狂热。它愈是迈向纯粹与浓烈，就愈易于释放出一种不择手段，也不为代价和后果负责的浪漫和野性。而其发展的最后结果，就是彻底丧失掉审度情势和实事求是的分析能力；任凭个人或群体发生了什么问题和危机，都无法滋长出属于责任伦理的对事实与后果的理性因应。

它们表现出强烈而浓厚的对某种价值信念的坚持，也就无法避免走向一种教条主义的控制，或类似于意识形态的支配了。

有趣的是，蒋庆曾一口咬定这种事情不会发生在儒家身上。他说："生命儒学所推崇的伦理不可能像心志伦理那样'在政治的层次上……为了目的而不择手段'"，"因为生命儒学非常注重修身慎独，以政治谨慎——中庸——为第一政治美德，在历史上从未出现过基于道德信念的狂热政治运动"（蒋庆，2004：204）。对此，笔者持保留态度。衡诸儒家在中国历史与文化里，固然从未出现过基于道德信念的狂热政治运动，但基于道德信念的社会性教条主义却是存在的。无可否认的是，儒家屡屡演变为一种高度规范性的纲常礼教与体制，甚至是深具广泛支配力量的"泛道德主义"。而之所以会如此，恐怕孟子强烈而高浓度的"以义斥利"诉求是重大因素。其中最为人诟病的所谓"礼教吃人"[①]，毋宁就是在道德高涨下对伦理规条的拘泥和坚持，以致不顾人们在现实困境下所遭受的身心摧残和人格扭曲。

不过，用韦伯的心志或信念伦理来模拟孟子强烈而高浓度的"唯义是问"立场，或有其不够精准之处。因为孟子对于后果并非不过问，他只是大胆地抱持了一个预设：怀义必能致利。对于现实性的利益，孟子绝非蔑视、不屑，或只是浪漫、空洞的道德主义。朱熹诠释得很精准，对孟子而言，"循天理，则不求利而自无不利；徇人欲，则求利未得而害已随之。……君子未尝不欲利，但专以利为心则有害。惟仁义则不求利而未尝不利也"（朱熹，1952：卷一，

---

① 当然"礼教吃人"是孔孟完全不能接受的，但很多时候理论的发展结果是会出于当事人预期的，甚至无可掌控。这又是一个明显的例证，说明"意图"与"结果"之间的吊诡。

《梁惠王章句上》）。

在孟子的文本中，类似的表达极为强烈。无论是一方怀义所引致的他人之私利、怀义者所造成的自蒙其利，或是不义所引致的不利（陈大齐，1987：289—291），孟子几近是全面性地畅言其中的必然性，包括国君可以四方无敌和王天下、君子可以因天爵而取得人爵，或是百姓可以乐岁终身饱。不只如此，孟子更将此必然性发展为一种历史定律。从正面的商汤称王，到负面的桀、纣、幽、厉的下场都是如此。"失其民"的结果就是"失天下"；而反过来，"得其民，斯得天下矣"（《孟子·离娄上》）。这些论述已在前一章中详细分析了，无须重复。

但问题是，孟子这样一个预设站得住脚吗？恰巧韦伯在探究信念伦理与责任伦理时也讨论到了这一点。他说自己的同事福斯特（F. W. Forster）提出了一个简单论点，相信"善因必有善果，而恶因必有恶果"（韦伯，1985：213）。若循此而言，孟子的怀义必能致利当然也能够成立了。无论是国君的无敌和王天下、君子的取得人爵，或是百姓的乐岁终身饱，都可以被视为"义"这一"因"所引致的"善果"。

但韦伯却接着质疑，在《奥义书》（Upanishads）之后两千五百年，"居然还有这种说法出现，也实在令人愕然。不要说整套世界史的过程，就是日常经验每一次没有保留的试验，都明白显示，真相正是其反面"。韦伯在此所指的是"神义论"（theodicy）这一古老的问题，即为何在全能、全知、慈爱又全善的神明统管下，竟然出现了当下这样一个"充满着无辜的苦难、没有报应的不公、无法补救的愚蠢的无理世界"？（韦伯，1985：213）

各个宗教家对此有许多不同的解释。譬如说，认为邪恶与苦难可以洁净和磨炼人的心志和性格，并因而得以实现"善"。或者说，人们根本在主观上误解了邪恶与苦难，它们在本质上不过是"尚未完全实现的善"而已。还有一种颇为主流的说法，认为根据于自由意志，选择"善"之所以成为可能，正因为选择"恶"是可能的。人制造罪恶和苦难的能力若被上帝排除了，那么人也将同时丧失选择良善、造福人群的能力。

　　宗教家的这些解释并非我们的重点，韦伯也没有去细究它们。但值得注意的是，他们无论如何解释，都在基本上承认了"善因"经常未能有"善果"，而"恶因"也未必有"恶果"。韦伯特别强调了这一现象和经验的普遍真实，并指出它因此成了"所有宗教发展背后的推动力量"。韦伯清楚地总结道，"善因必有善果，恶因必有恶果"绝非实情。甚至，"不了解这一点的人，在政治上实际是个幼童"。（韦伯，1985：213—214）

　　如果韦伯这样的批评是对的，那在中国文化里的"幼童"可就多了。正如我们在前一章中所讨论的，即使在孟子之前的春秋时人，就已经普遍相信类似的主张了。还有宋朝的司马光、朱熹，乃至清朝的崔述，都是如此。持平而论，这种"怀义必能致利"的主张既不符合经验实情，其中也无细腻深思的论证内涵。最严重的是，孟子没有提出任何类似"神义论"的申述来辩护这一预设。它因而显得不过是另一种形式的对"善有善报、恶有恶报"的素朴信仰罢了！

　　一般而言，宗教诉诸因果报应，其最大好处是可以对"行善去恶"发挥鼓舞和安慰的效果。但吊诡的是，恐怕正是在经验层面上不是"善有善报、恶有恶报"，才使得这一鼓舞和安慰成为必要。孟子的"义以生利"所扮演的应该也是这样的角色。为了贯彻在动机或存心层次上的义利不相容，他乐于借怀义必能致利来发挥若干鼓舞和安慰的效果。但孟子无法规避的是，那些被他游说的国君会相信这一套不符合经验实情的论调吗？无怪乎，孟子一再对国君"诱"之以"利"来施行仁政，结果始终成效不彰。

除了不符合一般经验实情外，从逻辑义理上而言，孟子的"义以生利"也更站不住脚。借用休谟的哲学来看，道德不仅无法被经验证明，也不受现象界的事实所影响。"实然"（what it is）命题因而推论不出"应然"（what it ought to be）的结果。那反过来呢？能够像孟子一样根据一个应然性命题推导出某个实然性结论吗？答案同样是否定的。休谟说得很清楚，道德与理性根本属于两个不同范畴。道德是实践的，由偏好或厌恶之类的情感所决定，因此具有"推动"行为的能力；或者，用我们前述的概念来说，它具有对行为的内在驱动力。而理性却是分析的，它无法推动行为，但能扮演"指引"行为的角色，就是去发现目标和行为之间的因果关系，并分析可以采取何种行动及可能的结果。

据此类推而言，"义"作为一种道德，因其坐落于动机或存心层次而具有内在驱动力和实践性；至于其结果是"利或不利"，必得经由理性分析才能判断得出来，并且它还会随着所采取的不同实践行动，而有不同的"利或不利"的结果。它固然有可能带来对自己、他人或群体的"利"，也有可能导致对自己、他人或群体的"不利"。这一"意图"与"结果"之间的背离吊诡，在上一小节中已经讨论过了。

孟子最难以辩解之处，是他既然排斥了宋牼和陈代所主张的利弊得失分析，那依凭什么来判断某个为实践"义"所采取的行动，确实能够带来何种内涵或数量的"利"呢？而若是这一判断根本阙

如，孟子的"义以生利"就只能是一个类似于道德命题的形而上学
预设了。它无从以任何方式被证明真伪。事实上，对孟子而言恐怕
也无须证明；它根本是全然"自明"的。

我们必须指出，就孟子整个"义利之辨"的论述结构而言，怀
义必能致利的预设至为重要，绝非孟子轻描淡写之物，或只是附带
的随笔。孟子借此一方面可以义利兼得，不致让自己的立场演变成
不切实际的空泛高调；另一方面，又在肯定利益之际，无须动摇原
本"唯义是问"的基础立场，甚至还有强化的效果。因为只要怀
"义"，作为结果的"利"就跟着来了。当事者完全不需要在动机或
存心层次上追求"利"。可以说，在怀义必能致利的预设下，"逐利"
这一动机或存心，较之"唯义是问"的基础立场，反而更进一步被
取消了。

但如今在我们的质疑下，若怀义必能致利的预设在经验事实和
逻辑义理上都站不住脚了，那么，上述因其而来的理论效益就将跟
着消失，甚至整个"义利之辨"的论述结构都面临了崩溃危机。如
今，不仅"逐利"这一动机或存心只能诉诸"唯义是问"来排除；
并且也因为无法再义利兼得，而更易招致心志或信念伦理那种不切
实际、不为后果负责任的批评。

除了经验实情和逻辑义理的困难外，怀义必能致利还衍生了一
个不算是困难的"陷阱"，即它可能导致原本"只问该不该"的心态
发生某种质变或"异化"（alienation），以致将"利"作为一种必然
结果的预设和期待反而变成了真正的动机或存心。正如我们在前章
中所指陈的，若"义"被视为"所以求大利的正确途径"（黄俊杰，
1986：117），或者在行"义"之时就已经抱持了其必能致"利"的
企图，那"义"不就被工具化、沦为只是实现"利"的最佳手段或

聪明途径了吗？难怪有学者明白声称，西方"功利主义发展之极端，乃有极端个人主义之泛滥"；而孟子的高明之处是"不径称功利而言大仁义"，俾能"以仁义之名而行功利之实"。（骆建人，1988：54—57）甚至，蔡信安在解释孟子的义利之辨时，更将属于结果的"利"用来"证成"行为的"义"（蔡信安，1987：139，160，169）。

这种质变或异化固然不符合孟子的原意，但也不能不说是这一论述的缺点。因为无可否认地，其正是强调"义以生利"的必然性所经常会发生的后果；在现实生活中，演变出这一偏差的概率其实很高。就好比民间"善有善报"的素朴信仰，原本只是期待对"行善去恶"发挥鼓舞和安慰的效果，却也往往发生质变或异化，为求"善报"之"利"，反而成为"善"的真正动机或存心。

小结：利益思考的必要性

冯克利有一段话将韦伯的想法描绘得颇为传神。他说："这个世界本来就是由不可化解的矛盾组成的：波德莱尔的《恶之花》教会了我们事物可以因不善、不神圣而为美，政治现实则昭示着在罪恶手段和美好目的之间无法调和的矛盾。我们也无法'科学地'断定法国人和德国人的价值观孰优孰劣。"（冯克利，1997）对韦伯来说，这正是价值世界的全部真相：价值的选择无法理性分析，彼此之间也充满吊诡，难断对错。

这表现在政治上，说得好听是可以学习有宽容性的多元化，但更贴切的事实毋宁是"诸神斗争"（struggle of gods）。即每一个为人们所信仰的价值都是一个神，并且每一个神都说"除了我以外，你不可以有别的神"（《出埃及记》）。在韦伯眼中，政治只会是没完没了又无解的斗争。最令韦伯感到厌恶的，从来"不是统一价值世界的解体"，而是"出现了一些假冒伪劣的精神偶像"（冯克利，1997），也就是所谓的假"神"。

不过，韦伯却从历史的进程中，特别是近代资本主义的兴起，发现了一股在"除魅"（disenchanted）时代下因"理性纪律"而得以展现的巨大力量。在韦伯的脑海中，"理性纪律"与"诸神斗争"存在着某种此消彼长的拉锯。前者带来的是人类前所未见的效率和进步，后者引致的却是政治的冲突和漫漫长夜。

李猛说得好，无论是以学术为业，还是以政治为业，韦伯所关心的都是处在一个"除魅"的世界中"人如何面对献身与距离，激情与自律，理想与现实感"（李猛，1999）。这毋宁是个该怎样调和与平衡的问题。但笔者却认为，在表面的调和与平衡下，韦伯的选择其实偏向了"理性纪律"。他固然一方面拒斥了属于虚无主义的政治冷漠，另一方面肯定了对价值信念的需要，但他更强烈流露的，却是以"理性纪律"去对抗道德主义与意识形态所呈现的浪漫和亢奋；韦伯批评它们是妄自尊大的情绪、包装的神明和虚荣政治，带给政治的只会是黑暗。韦伯期待一种以政治为志业者该具有的"成熟人格"，而其中最重要的特质，就是在浪漫中仍硬着心肠、理智地面对并责无旁贷地承担现实的结果。即使原来渴望的理想破灭了，仍对自己出于信念或心志的献身屹立不摇。（韦伯，1985：221）

相形之下，孟子通过义利之辨所呈现的，不只缺少了这样的调和与平衡，更是严重倾斜于价值信念这一方。他表达并流露了极为旺盛的道德诉求，以致对举凡牵涉"利益"之事都觉反感与排斥。不仅反对作为一种价值选择的"贪图利益"，同时也反对作为一种思维方式的"衡量利弊得失"。而孟子之所以会有这样的立场，实源于

一种强烈的忧心，即认为若以利害计算来决策，其效果会引发一种
"悦于利"的心态扩散，或导致在立场上节节退让，最后沦为在动机
或存心上对利益的贪得。从原本属于策略分析的理性与认知层面，
衍生出"悦于利"和"怀利以相接"的内在驱动力；从原本只是将
利益当作工具般来处理和对待，渐次松懈动摇，演变成因图利而作
出更大的原则妥协，或更本质性的道德让步。孟子更相信，这一蔓
延、扩散和质变只有一步之遥，甚至是必然的。

　　只是孟子这样的忧心却难以成立。因为，"衡量利弊得失"与
"贪图利益"各自属于不同的心灵范畴，甚至是不同的生理区块。人
是否自私贪婪，乃由情绪与欲念的因素所造成的，而与是否抱持利
害计算来行动并无必然关联。反过来，人若抱持并主张一种"衡量
利弊得失"的思维方式，也不过是理性与认知上一种抽离个人直
接经验的功效哲学立场而已！它丝毫不意味着一种鉴赏层次的体
验，期待在情绪与欲念上品尝利益所带来的什么快感和满足。"贪图
利益"者未必在贪图之际秉持"衡量利弊得失"的思维方式；而以
"衡量利弊得失"为思维方式者也未必在衡量之际怀抱"贪图利益"
之心。

　　这个道理表现在政治实务上，可以发现，即使国家统治者因利
弊得失的考虑而在政策上弃守某一价值理念，其动机或存心仍可能
是为了更广大的公众利益，或较长远的国家福祉。甚至，在 A 政策
中弃守人道主义，是为了换取在 B 政策中实现更大程度的另一价值
信念。或者，眼前的权益性退让，是为了保存实力、稳定政权，以
避免人道或其他价值信念在某种现实下遭受更大的损失。还有一种
可能，这位统治者只是在追求某一价值信念之际，通过利弊得失的
理性分析来寻求更有效率或具有更佳效果的实践手段罢了！很遗憾

地，孟子没能发现，即使是追求最高尚的价值理念，也需要理性评估其实现的最佳手段，及其后果是否会阻碍或伤害另一高尚价值理念的实现。

再进一步，当我们对比韦伯的《政治作为一种志业》这篇演讲时，可以发现孟子的"唯义是问"存在着一个根本问题，即它表现为"泛道德主义"式的普遍伦理。它要求站在动机或存心的层次，只问"义当为与不当为"，而丝毫不考虑各种"关系"的差异性。韦伯却坚持，伦理并不能对各种关系都一体适用。很多"关系"虽然都涉及道德，但其核心要素并非道德。

就以政治中的关系而言，韦伯指出，至少有三个特质会导致宗教家与道德家的普遍伦理无法适用。第一是武力手段，它当然与孟子或耶稣的"爱与非暴力"直接冲突。但韦伯坚称，国家之所以具有垄断武力的正当性，就在于它被要求使用武力来实践正义。甚至，若缺乏了这个意义，国家就不存在了。

第二是政治关系中的普遍强制性。无论是耶稣的"登山宝训"，或孟子的唯"义"为求，它们再怎么强烈和绝对都是无害的，因为其中并没有普遍强制性，完全由追随者或信众自由地选择遵循与否。但从韦伯看来，若改以国家权力来推动或据以为法律规条，基于政治关系中所必要的普遍强制性，结果就窒碍难行，甚至令人觉得恐怖了。

第三是国家机构的理性化特质。韦伯强调，在最理想化的法制型支配下，"政治人"就跟经济人一样，会实事求是地表现出"非人格的"科层特质。也就是说，它对于人格意义上的道德美善，始终抱持以理性、冷静、无差别好恶的态度。"政治人"唯理性行为本身的手段或目标是从，即使是施行社会福利政策，都不是出于道德上的动机或存心，而只是一件"以国家的本身为理由"来客观实践的职责。

　　基于这三个特殊性，韦伯与孟子可以说是全面交锋了。韦伯声称，将道德或宗教上的伦理牵引至政治的权力关系里，简直就是徒劳地戏耍圣贤和神明。而一种基于心志或信念的伦理，与另一种基于责任的伦理之间，它们虽然在实践性的整体人格上可以"互补相成"，但作为一种抽象性的"准则"，它们在根本上就是互异的，同时有着不可调和的冲突。在政治的领域中，韦伯坚决选择了后者，声称要将一切关乎伦理的考虑完全排除于政治议论之外，而越是能实事求是地打算，越是能免于激情、愤怒与爱恨的拘执。

　　除此之外，对比于韦伯的论述，孟子的心志或信念伦理也未能洞悉在"意图"与"结果"之间存在着常态性的吊诡。也就是说，有某些出发点为"善"的政策，实施结果却可能有"恶"的面向；反过来，某些明显不"义"的政策，实施结果竟会有"善"的面向。很遗憾，对于这样的矛盾冲突，孟子只字未提，他明显并未体察其中的两难。而韦伯却深刻理解到，再怎么"善"意的目标，有时在经过一番选择和衡量后，竟然必须借助于在道德上成问题的，或至少是有道德上可虞之险的手段，冒着产生罪恶之副效果的可能性，才能实现原本的"善"的动机或存心。

　　对于韦伯这样的论调，孟子肯定是难以接受的。但在此，"手段"的问题浮现了。孟子没有去处理，韦伯却精辟地指出，正是它让心志或信念伦理触礁了。因为，它一方面将在道德上有争议的手段予以罪恶化，另一方面又经常因应着需要而将手段圣洁化。但这中间的尺度和标准是什么呢？心志或信念伦理总有很大的自由诠释空间，因为它完全是一个形而上学式的道德命题；既没有合乎理性的答案，其他伦理标准也无从予以验证。相对而言，责任伦理却不能以任何道德或价值信念去谴责或赞扬某一手段，事实上，其手段的选择是受到结果以及理性所制约的。

"手段"问题既然是由心志或信念伦理自由诠释的，而"后果"相对于价值信念又不甚重要，那么，心志或信念伦理演变成一种罔顾手段与后果悲剧性的行动选择，就不足为奇了。历史殷鉴非常多，最高尚的道德坚持，从绝对化转变为教条主义的控制或意识形态的支配，是轻而易举的。可以说，心志或信念伦理愈是迈向纯粹与浓烈，就愈易于释放出一种不择手段，也不为代价和后果负责的浪漫和野性。最后的结果就是可能丧失掉审度情势和实事求是的分析能力，无法滋长出属于责任伦理的对事实与后果的理性因应。衡诸中国历史与文化，儒家也不例外。最为人诟病的所谓"礼教吃人"，毋宁就是在道德高涨下对伦理规条的拘泥和坚持，以致不顾人们在现实困境下所遭受的身心摧残和人格扭曲。

不过，用韦伯的心志或信念伦理来模拟孟子强烈而高浓度的"唯义是问"立场，还是有其不够精准之处。因为孟子对于后果并非不过问，他只是大胆地抱持了一个预设：怀义必能致利。其实，这恐怕是心志或信念伦理经常抱持的一种策略。不只上帝的旨意优位于现实结果的考虑，而且现实的结果也会印证上帝旨意的美好。孟子同样是如此。既然"利"相对于"义"是微不足道的，更无须担忧会有何利益的损失，因为"义以生利"。借此，道德的高贵性与后果的悲剧性被全然切割开了。

但问题是，这种"善因必有善果，而恶因必有恶果"的预设，既不符合普遍的经验实情，从逻辑义理上而言，也站不住脚。凭什么根据一个应然性命题推导出某个实然性结论呢？孟子最难以自圆其说之处在于，他既然排斥了利弊得失分析，那依凭什么来判断某个为实践"义"所采取的行动，确实带来了何种内涵或数量的"利"呢？再加上孟子也未曾提出任何类似"神义论"的辩护，因此，其"义以生利"就只能是一个类似于道德命题的形而上学预设，甚至不过是另一种形式的对"善有善报、恶有恶报"的素朴信仰罢了！

原本，"义以生利"是孟子的高明巧思。借此，一方面可以义利兼得，不致让自己的立场演变成不切实际的空泛高调；另一方面，又在肯定利益之际，无须动摇原本"唯义是问"的基础立场，甚至"逐利"这一动机或存心，较之"唯义是问"的基础立场，反而更进一步被取消了。但如今，若怀义必能致利的预设站不住脚了，那么上述因其而来的理论效益就将跟着丧失，甚至整个"义利之辨"的论述结构都面临崩溃危机了。

整体来说，孟子"义利之辨"的论述结构面临着重重困境。或许是由于当时的国君普遍热衷于富国强兵的功利主义，孟子在强烈的反动心理下高涨了极其浓厚的道德诉求，以致举凡涉及"利益"之类的各种论述，他都予以拒斥，而这就种下了其败笔。相对于韦伯对于"政治作为一种志业"的论述，孟子将"义利之辨"作为一种普遍伦理的盲点就被凸显出来了。他既没能洞悉政治关系中存在着若干无法适用心志或信念伦理的特质，也未能体察政策在"意图""结果"之间的常态性吊诡。这都导致了孟子看不见利益思考的必要性。而对于道德主义下的手段与后果问题，一方面，孟子自己也同样出现了将手段圣洁化的论调；另一方面，怀义必能致利的预设也站不住脚。综合而言，我们必须严肃地说，这些缺失都不是细节的，而是根本的。

最后，笔者要提醒的是，在孟子之外，整个儒家绝非都缺乏责任伦理的面向。蒋庆在批评林毓生之际，就从《春秋·公羊传》中有力论证了孔子在对历史进行政治批判时充分展现了责任伦理（蒋庆，2004：179—203）。李明辉也抱持同样的观点（2005：130—131）。但笔者还是认为，若纯粹就文化层面而言，心志或信念伦理仍是居支配地位的主流立场。责任伦理其实是在批判或评价政治实务时所不得不面对的现实。我们可以再次引用朱熹的话，指出由孟子"义利之辨"所开展出的心志或信念伦理始终"乃儒者第一义"（朱熹，1972：卷二四,《与延平李先生书》), 其对于中国的政治、经济，乃至社会和文化的影响，都是巨大而少有可比拟的。

参考文献

一、韦伯原典及译本

韦伯，1985，钱永祥编译，《韦伯选集 I：学术与政治》，台北：允晨出版公司。主要译自 Gerth, H. H. & C. W. Mills. (ed. & trans.) *From Max Weber: Essays in Sociology*. New York, 1946。（书中两篇韦伯的演讲约在 1917 年底至 1919 年之间发表。）

韦伯，1989a，简惠美译，《中国的宗教：儒教与道教》。台北：远流出版公司。译自 Gerth, H. H. (trans.) *The Religion of China*. The Free Press. 1964，以及木全德雄的日译本，《儒教与道教》，东京创文社，1971。（韦伯于 1915 年发表该文，收录于其《宗教社会学论文集》第一卷中。）

韦伯，1989b，简惠美译，《比较宗教学导论——世界诸宗教之经济伦理》，《韦伯选集 II：宗教与世界》，台北：远流出版公司。译自大冢久雄、生松敬三的日译本，《宗教社会学论选》，东京，1972，以及 Gerth, H. H. & C. W. Mills. (ed. & trans.) *From Max Weber: Essays in Sociology*. New York, 1946。（韦伯于 1915 年发表该文，收录于其《宗教社会学论文集》第一卷中。）

韦伯，1989c，简惠美译，《中间考察——宗教拒世的阶段与方向》，《韦伯选集 II：宗教与世界》，台北：远流出版公司。译自大冢久雄、生松敬三的日译本,《宗教社会学论选》之三, 东京, 1972, 以及 Gerth, H. H. & C. W. Mills. (ed. & trans.) *From Max Weber: Essays in Sociology.* New York, 1946。(韦伯于 1915 年 11 月发表该文, 收录于其《宗教社会学论文集》第一卷中。)

韦伯, 1989d, 简惠美译,《资本主义精神与理性化》,《韦伯选集 II: 宗教与世界》, 台北: 远流出版公司。译自 Parsons T. *The Protestant Ethic and the Spirit of Capitalism.* New York, 1958, 和大冢久雄、生松敬三的日译本,《宗教社会学论选》之一, 东京, 1972, 以及 Runciman, W. G. (ed.,) Matthews, E. (trans.) "The Origins of Industrial Capitalism in Europe," in *Max Weber: Selections in translation.* New York, 1978 等译本。(该文乃韦伯为其宗教社会学论著所写的一篇总序。)

韦伯, 1991, 于晓、陈维纲等译,《新教伦理与资本主义精神》, 台北: 唐山出版社, 译自 Talcott Parsons. (trans.) *The Protestant Ethic and the Spirit of Capitalism.* George Allen & Unwin Ltd., 1930。(韦伯原本分两次发表于 1904 年及 1905 年; 后于 1920 年重新修订, 收录于其《宗教社会学论文集》第一卷中。)

韦伯, 1993, 顾忠华译,《社会学的基本概念》, 台北: 远流出版公司。译自 J. Winckelmann (ed.) *Wirtschaft und Gesellschaft. Grundriss der Verstehenden Soziologie.* 5th ed., Tübingen: J.C.B. Mohr (Paul Siebeck). 1976。

韦伯, 1996, 康乐等编译,《支配的类型: 韦伯选集 III》, 修订版, 台北: 远流出版公司。译自 Weber, Max. "Die Typen der Herrschaft." in J. Winckelmann (ed.) *Wirtschaft und Gesellschaft. Grundriss der Verstehenden Soziologie.* 5th ed., Tübingen: J. C. B. Mohr

(Paul Siebeck). 1976。

Weber, Max, 1968. "Ideal Types and Theory Construction," In May Brodbeck. (ed.) *Readings in the Philosophy of the Social Sciences*. New York: The Macmillan Company. 496–507.

Weber, Max, 1992. *The Protestant Ethic and the Spirit of Capitalism*. trans. by Talcott Parsons. New York: Routledge.

二、其他中文文献

于宗先，1985，《中国文化对台湾经济成长的影响》，于宗先、刘克智、林聪标编，《台湾与香港的经济发展》，二版，台北：经济研究所。

王国维，1975，《观堂集林》，台北：河洛图书公司。

司马光，1983，《资治通鉴》，台北：台湾商务印书馆（影印文渊阁四库全书，册三〇四）。

石元康，1999，《天命与正当性：从韦伯的分类看儒家的政道》，《开放时代》，第 132 期。

朱熹，1952，《四书集注》，台一版，台北：世界书局。

朱熹，1970，《朱子语类》（三），黎靖德编，台北：正中书局。

朱熹，1972，《晦庵先生朱文公文集》（二），冈田武彦编，台北：广文书局。

朱建民，1994，《儒家的管理哲学》，台北：汉艺色研出版社。

江宜桦，2008，《〈论语〉的政治概念及其特色》，《政治与社会哲学评论》，第 24 期。

何怀宏，2010，《政治家的责任伦理》，爱思想网站，2010-05-

20，文章网址：http://www.aisixiang.com/data/33799.html.

李猛，1999，《学术、政治与自由的伦理》，爱思想网站，2010-12-01，文章网址：http://www.aisixiang.com/data/37570.html.

李玉彬，1982，《先秦儒家经济思想与民生主义》，台北：台湾商务印书馆。

李明辉，1990，《儒家与康德》，台北：联经出版公司。

李明辉，2001，《孟子重探》，台北：联经出版公司。

李明辉，2002，《儒家传统与人权》，黄俊杰编，《传统中华文化与现代价值的激荡与调融》（一），台北：喜玛拉雅基金会。

李明辉，2005，《儒家视野下的政治思想》，台北：台湾大学出版中心。

李剑农，1981，《先秦两汉经济史稿》，初版，台北：华世出版社。

杜正胜，1979，《周代城邦》，台北：联经出版公司。

杜正胜，1987，《编户齐民》，台北：联经出版公司。

杜维明，1989，《儒学第三期发展的前景问题》，台北：联经出版公司。

周濂，2004，《正当性与证成性：道德评价国家的两条进路？》，"现象学与伦理"国际学术研讨会暨第十届中国现象学年会。

屈万里，1985，《屈万里先生文存》，册二，台北：联经出版公司。

易君博，1977，《政治学论文集：理论与方法》，台北：三民书局。

金耀基，1992，《中国社会与文化》，香港：牛津大学出版社。

侯外庐，1963，《中国古代社会史论》，北京：人民出版社。

侯家驹，1985，《先秦儒家自由经济思想》，增订二版，台北：联经出版公司。

胡适，1976，《中国古代哲学史》，卷三，台北：台湾商务印书馆。

胡厚宣，1959，《殷卜辞中的上帝和王帝》，《历史研究》，期九、十。

唐君毅，1955，《人文精神之重建》，上册，香港：新亚研究所。

唐君毅，1977，《论中国原始宗教信仰与儒家天道观之关系兼释中国哲学之起源》，项退结、刘福增编，《中国哲学思想论集〈总论篇〉》，台北：牧童出版社。

唐君毅，1978，《说中华民族之花果飘零》，三版，台北：三民书局。

孙中兴，1987，《从新教伦理到儒家伦理——了解、批评和应用韦伯论点》，收录于杜念中、杨君实编，《儒家伦理与经济发展》，台北：允晨出版公司。

徐复观，1966，《西汉政治与董仲舒》，《民主评论》，卷一六，期二〇。

徐复观，1972，《周秦汉政治社会结构之研究》，香港：新亚研究所。

徐复观，1980，《两汉思想史》，卷一，台北：学生书局。

徐复观，1982，《中国思想史论集续篇》，台北：时报文化出版公司。

袁保新，1992，《孟子三辨之学的历史省察与现代诠释》，台北：文津出版社。

高承恕，1988，《理性化与资本主义——韦伯与韦伯之外》，台北：联经出版公司。

崔述，1963，《崔东壁遗书正编四》，台北：世界书局。

张维安，1990，《政治与经济：中国近世两个经济组织之分析》，台北：桂冠图书公司。

张德胜，2002，《明清时期新义利观评议：韦伯论旨重探》，《鹅湖月刊》，卷二八，期二。

梁明义、王文音，2002，《台湾半世纪以来快速经济发展的回顾与省思》，林建甫编，《金融投资与经济发展：纪念梁国树教授第六届学术研讨会论文集》，台北：台湾大学经济学系。

梁启超，1977，《先秦政治思想史》，第八版，台北：中华书局。

梁漱溟，1979，《中国文化要义》，第十版，台北：正中书局。

许又方，2002，《〈论语〉"子罕言利"章析论》，《鹅湖月刊》，卷二八，期二。

许倬云，1968，《周人的兴起及周文化的基础》，《历史语言研究所集刊》，期三八。

许倬云，1984，《求古编》，台北：联经出版公司。

许倬云，1993，《西周史》，增订版，台北：联经出版公司。

许倬云，2006，《万古江河：中国历史文化的转折与开展》，台北：英文汉声出版社。

郭立民，1990，《儒家与民主之关联性——新外王论证之商榷》，"政治大学政治学系学术研讨会论文"，台北：政治大学政治系。

郭沫若，1936，《先秦天道观之进展》，上海：商务印书馆。

陈大齐，1987，《陈百年先生文集》，台北：台湾商务印书馆。

陈其南，1988，《明清徽州商人的职业观与儒家伦理》，杨国枢、曾仕强编，《中国人的管理观》。台北：桂冠图书公司。

陈梦家，1936，《商代的神话与巫术》，《燕京学报》，期二〇。

陈梦家，1956，《殷虚卜辞综述》，北京：科学书局。

陈顾远，1975，《孟子政治哲学》，台北：新文丰出版社。

陆自荣，2005，《关系和谐伦理：信念伦理和责任伦理之外》，《湖南科技大学学报（社会科学版）》，期三。

傅佩荣，1985，《儒道天论发微》，台北：学生书局。

傅斯年，1980，《傅斯年全集》，册二，台北：联经出版公司。

劳思光，1997，《新编中国哲学史》（一），增订九版，台北：三民书局。

曾春海，2001，《述评陈大齐对义利之辨的研究》，《哲学与文化》，卷二八，期十一。

程颢、程颐，1966，《河南程氏遗书》，朱熹编，《二程全书》，卷十七，台北：中华书局。

费孝通，1991，《乡土中国》，香港：三联书店。

贺来，2004，《现代人的价值处境与"责任伦理"的自觉》，哲学在线网站，2004-10-31，文章网址：http://isbrt.ruc.edu.cn/pol04/Article/ethics/e_ethics/200410/1298.html.

冯友兰，1993，《中国哲学史》，上册，增订本，台北：台湾商务印书馆。

冯克利，1997，《时代中的韦伯》，爱思想网站，2011-11-23，文章网址：http://www.aisixiang.com/data/47058.html.

冯尔康，1994，《中国宗族社会》，浙江：浙江人民出版社。

冯尔康等编，1988，《中国社会史研究概述》，台一版，台北：谷风出版社。

黄勇，1998，《"义利之辨"与儒家义利论的完备》，《孔孟月刊》，卷三六，期一。

黄俊杰，1986，《先秦儒家义利观念的演变及其思想史的涵义》，《汉学研究》，卷四，期一。

黄俊杰，2006，《孟子》，修订二版，台北：东大图书股份有限公司。

黄进兴，1994，《优入圣域：权力、信仰与正当性》，台北：允晨出版公司。

杨一峰，1968，《孔子言义浅测》，《孔孟学报》，期十六。

杨君实，1987，《儒家伦理，韦伯命题与意识形态》，杜念中、杨君实编，《儒家伦理与经济发展》，台北：允晨出版公司。

杨国荣，1993，《孟子新论》，台北：开今文化出版社。

叶仁昌，1992，《五四以后的反对基督教运动》，台北：久大文化出版社。

叶仁昌，1996a，《儒家与民主在诠释上的两面性》，《法商学报》，期三二，台北：中兴大学法商学院。

叶仁昌，1996b，《儒家的阶层秩序论：先秦原型的探讨》，台北：万兴图书公司。

叶仁昌，2003a，《宗教与经济伦理：三条基本路线》，《独者Solitudo》，期一。

叶仁昌，2003b，《东亚经济伦理的澄清与辩思：儒家、韦伯与基督新教》，《独者 Solitudo》，期三。

叶仁昌，2006，《先秦儒家的财富思想》，《人文及社会科学丛刊》，卷一八，期三。

董作宾，1960，《先秦史研究论集》，台北：大陆书局。

董作宾，1965，《甲骨学六十年》，台北：艺文印书馆。

邬昆如，1975，《西洋哲学史》，台四版，台北编译馆。

熊公哲，1968，《孟子仁义与荀子礼义其辨如何》，《孔孟学报》，期十六，第 119-141 页。

齐思和，1947，《周代锡命礼考》，《燕京学报》，第 32 期。

蔡信安，1987，《论孟子的道德抉择》，《台湾大学哲学论评》，期十。

蒋庆，2004，《生命信仰与王道政治：儒家文化的现代价值》，台北：养正堂文化公司。

郑志明，1986，《中国社会与宗教》，台北：学生书局。

萧公权，1977，《中国政治思想史》，六版，台北：华冈出版社。

赖贤宗，2000，《许路赫特对康德伦理学的阐释及信念伦理学当中的规范与共识的建构的问题》，《思与言》，卷三八，期四。

钱杭，1994，《中国宗族制度新探》，香港：中华书局。

钱新祖，1983，《近代人谈近代化的时空性》，《思与言》，卷二一，期一。

钱穆，1976，《国史新论》，二版，台北：三民书局。

钱穆，1981，《中国历史精神》，修订再版，台北：东大图书公司。

骆建人，1988，《孟子学说体系探赜》，台北：文津出版社。

瞿同祖，1938，《中国封建社会》，三版，上海：商务印书馆。

魏萼，1993，《中国式资本主义——台湾迈向市场经济之路》，台北：三民书局。

谭宇权，1995，《孟子学术思想评论》，台北：文津出版社。

龚群、焦国成编，1997，《儒门亚圣——孟子》，台北：昭文社。

汉娜·阿伦特（台译：汉娜·鄂兰，Arendt, Hannah），1996，

蔡佩君译,《共和危机》, 台北: 时报文化公司。译自作者 *Crises of the Republic; Lying in Politics; Civil Disobedience; On Violence; Thoughts on Politics and Revolution* 等篇（所根据之原文版本信息未详载）。

雷蒙・阿隆（Aron, Raymond）, 1986, 齐力等译,《近代西方社会思想家: 涂尔干、巴烈图、韦伯》, 台北: 联经出版公司。译自作者 *Main Currents in Sociological Thought II: Durkheim, Pareto, Weber.* R. Howard & H. Weaver (trans.) New York & London: Basic Books. Inc. 1967。

罗伯特・奥迪（Audi, Robert）编, 2002, 林正弘译,《剑桥哲学辞典》, 台北: 猫头鹰出版社。译自编者 *The Cambridge Dictionary of Philosophy.* Cambridge University Press. 1995。

狄百瑞（台译: 狄培理, de Bary, Wm. T.）, 1983, 李弘祺译,《中国的自由传统》, 台北: 联经出版公司。(该书为作者在香港中文大学新亚书院 Human Renewal and the Liberal Spirit in Neo-Confucianism 讲座汇集, 未载明英文书名。)

丹尼斯・朗（Dennis, H. Wrong）, 1994, 高湘泽、高全余译,《权力: 它的形式、基础和作用》, 台北: 桂冠图书公司。译自作者 *Power: its Forms, Bases and Uses.* Chicago: Chicago University Press. 1988。

涂尔干（Durkheim, Emile）, 1990, 黄丘隆译,《社会学研究方法论》。台北: 结构群文化事业有限公司。译自作者 *The Rules of Sociological Method & Selected Texts on Sociology & its Method*（所根据之原文版本信息未详载）。

伊斯顿（Easton, David）, 1992, 王浦劬等译,《政治生活的系统分析》，台北：桂冠图书公司。译自作者 *A Systems Analysis of Political Life*（所根据之原文版本信息未详载）。

福山（Fukuyama, Francis），2004，李宛蓉译，《信任》，台北：立绪文化事业公司。译自作者 *Trust: The Social Virtues and the Creation of Prosperity*（所根据之原文版本信息未详载）。

哈贝马斯（台译：哈伯玛斯，Habermas, Jurgen），1994，陈学明译，《合法性危机》，台北：时报文化公司。译自作者 *Legitimation Crisis*（所根据之原文版本信息未详载）。

哈瑞森（Harrison, Lawrence），2003，《推动进步取向的文化变革》，收录于 L. Harrison & S. P. Huntington 编，李振昌、林慈淑译，《为什么文化很重要》（*Culture Matters: How Values Shape Human Progress*），台北：联经出版公司。

亨廷顿（台译：杭廷顿，Huntington, S. P.），1994，刘军宁译，《第三波：二十世纪末的民主化浪潮》，台北：五南出版社。译自作者 *The Third Wave: Democratization in the Late Twentieth Century*（所根据之原文版本信息未详载）。

李普塞特（台译：李普塞，Lipset, Seymour Martin），1991，张明贵译，《政治人》，台北：桂冠图书公司。译自作者 *Political Man: The Social Bases of Politics, An Adaptation*. Bombay: Vakils, Feffer and Simons Private Ltd., 1963。

路德（Luther, Martin），1959，杨懋春译，《路德选集》，下册，香港：金陵神学院及基督教文艺出版社。

施米特（Schmitt, Carl），2003，李秋零译，《合法性与正当性》，收录于《政治的概念》，刘宗坤等译，上海：上海人民出版社。译自作者 *Verfassungsrechtliche Aufsatze aus den Jahren 1924-1954*. Duncker

& Humblot. Berlin 1985。

阿马蒂亚·森（Sen, Amartya），2001，刘楚俊译，《经济发展与自由》，台北：先觉出版社。

三、其他英文文献

Aristotle. 1957. *Politics.* trans. by E. Barker. London: Oxford University Press.

Behuniak, James Jr. 2005. *Mencius on Becoming Human.* Albany: State University of New York Press.

Bentham, J. 1967. *Principles of Morals & Legislation.* Oxford: Basil Blackwell.

Binder, Leonard. 1971. *Crises and Sequences in Political Development.* Princeton: Princeton University Press.

Bury, J. B., (et.al.) 1923. *The Hellenistic Age.* New York: The Norton Library.

Chang, Kwang-chih. 1976. *Early Chinese Civilization.* Cambridge: Harvard University Press.

Durant, Will. 1926. *The Story of Philosophy.* New York: Simon & Schuster. Inc.

Eno, Robert. 2002. "Casuistry and Character in the Mencius," In *Mencius: Contexts and Interpretations.* ed. Alan K. L. Chan. Honolulu: University of Hawaii Press, 189–215.

Granet, Marcel. 1975. *The Religion of the Chinese.* trans. & ed. by Maurice Freedman. Oxford: Basil Blackwell.

Hamilton, Gary. "Why No Capitalism in China? Negative Question in Historical, Comparative Research," *Journal of Asian Perspectives.* Vol. II. No. 2.

Hsu, Cho-yun. 1965. *Ancient China in Transition: An Analysis of Social Mobility, 722—222 B.C.* Stanford: Stanford University Press.

Kahn, H. 1979. *World Economic Development: 1979 and Beyond.* London: Croom Helm.

Shun, Kwong-loi. 1997. *Mencius and Early Chinese Thought.* Stanford: Stanford University Press.

Lasswell, Harold D. and Abraham Kaplan 1950. *Power and Society: A Framework for Political Inquiry.* New Haven: Yale University Press.

Metzger, T. A. 1977. *Escape from Predicament.* New York: Columbia University Press.

More, Thomas. 1949. *Utopia.* ed. & trans by H. V. S. Ogden. Illinois: AHM Publishing Corporation.

Nagel, Ernest. 1968. "The Value-Oriented Bias of Social Inquiry," In *Readings in the Philosophy of the Social Sciences.* ed. May Brodbeck. New York: The Macmillan Company, 98–113.

Nelson, B. R. 1982. *Western Political Thought.* New Jersey: Prentice-Hall. Inc.

Parsons, T. 1949. *The Structure of Social Action.* New York: The Macmillan Company.

Schwartz, Benjamin I. 1964. "Some Polarities in Confucian Thought," in Arthur F. Wright. (ed.) *Confucianism and Chinese Civilization.* California: Stanford University Press.

Schwartz, Benjamin I. 1985. *The World of Thought in Ancient China.* Cambridge, Mass.: The Belknap Press of Harvard University Press.

Ying-shih, Yu. 2021. *The Religious Ethic and Mercantile Spirit in Early Modern China.* trans by Yim-tze Kwong. New York: Columbia University Press.